philharmonic autocrat

the discography of
herbert von karajan

compiled by
john hunt

Drawing by Brian Pinder

Acknowledgement
These publications have been made possible by contributions or by advance 3-volume subscriptions from

Masakasu Abe	Richard Ames
Stefano Angeloni	Stathis Arfanis
Yoshihiro Asada	Jack Atkinson
Charles Brooke	Stewart Brown
Peter Buescher	Edward Chibas
Siam Chowkwanyun	Robert Christoforides
Robert Dandois	Dennis Davis
F. De Vilder	Richard Dennis
John Derry	Hans-Peter Ebner
Henry Fogel	Peter Fu
Nobuo Fukumoto	Peter Fulop
James Giles	Jens Golumbus
Jean-Pierre Goossens	Johann Gratz
A.G. Greenburgh	Michael Harris
Tadashi Hasegawa	Naoya Hirabayashi
Martin Holland	Bodo Igesz
Richard Igler	T.M. Jensen
Andrew Keener	Rodney Kempster
Koji Kinoshita	Detlef Kissmann
Bent Klovborg	John Larsen
E. Legge-Schwarzkopf DBE	Lanny Lewis
Tony Locantro	Douglas MacIntosh
Norman MacDougall	John Mallinson
Carlo Marinelli	Finn Moeller Larsen
Philip Moores	Bruce Morrison
W. Moyle	Alan Newcombe
Richard Osborne	Hugh Palmer
Jim Parsons	Laurence Pateman
James Pearson	Johann Christian Petersen
Tully Potter	Patrick Russell
Yves Saillard	Robin Scott
Neville Sumpter	Yoshihiko Suzuki
H.A. Van Dijk	Mario Vicentini
Urs Weber	Nigel Wood
G. Wright	

Philharmonic autocrat: introduction to the discography

In 1987, when Herbert von Karajan was still active, I made my first attempt to catalogue the recordings of the musician who, more than any other, had made a systematic and progressive use of the medium of the gramophone. This had begun with the electrically recorded 78rpm shellac, through recording on tape for the monophonic, subsequently stereophonic, long playing disc with its eventual refinements of quadraphonic and digital sound, and then lead to the pioneering of the compact disc and the added video aspects of hi-fi recording.

Following Karajan's death I prepared an up-date of the total "legacy", with special emphasis on those video productions which had been so dear to Karajan's heart. In the past fifteen years these video recordings have struggled to find an outlet, having so far gone through the video cassette tape, the laserdisc and DVD. The 1993 discography came in tandem with my attempt at a concert register, listing all public appearances of the conductor but placed in the context of his studio recording work. I had intended to repeat this double act in the present volume, but reasons of space dictate that the new concert register will appear in a separate book towards the end of the year 2000.

There seems to be a pattern to the manner in which the great executant musicians are assessed by the critical fraternity in the period following their deaths. Violent reactions are aroused for and against, and then the dust gradually settles to reveal the overall achievement. And at the very end of the 20th century Karajan's name featured prominently in the list of the greatest recordings compiled from a readers' and critics' survey in Britain's leading record magazine. However, to an extent probably not anticipated at the outset of the CD era, studio-made recordings are only part of the story. Live concert and opera recordings, originally appearing on LPs to supplement the work of artists who had perhaps not made commercial recordings in an entirely consistent way or in order to give a forum to less well exploited repertoire, have now become legitimate supplements in the catalogues of artists both past and present. No fewer than three major labels, for example, now publish CD editions of actual performances from the Salzburg Festival in which the name of Karajan figures prominently.

I have therefore felt it necessary, in updating the Karajan discography, to draw attention to many known broadcasts (or privately recorded performances), which in future may be considered for publication once questions of permissions and royalties can be settled. This is based on my personal knowledge of recordings in circulation privately among Karajan devotees (many of whom used to gather regularly at the Salzburg Osterfestspiele). Perhaps most noteworthy is the systematic archive of radio performances during Karajan's busy period of activity in Italy in the 1940s and 1950s. Angelo Scottini has listed these for me, and one hopes that choice items of rare repertory (Walton? Sutermeister?) can be traced in tape copies which can then be reprocessed for publication. As sources cannot always be clearly identified, I have used the blanket description *unpublished radio broadcast* to include items from other sources such as private or amateur. Many more broadcasts may survive, and I look forward to hearing from readers who can add to the listings from items in their own collections.

Video recordings are now integrated into the main body of the composer discography, as with the latest technology (DVD) they can usually be enjoyed in the highest possible sound quality. Personally I have always regarded them as sound recordings with the added dimension of a picture.

The listings have been expanded to include as many European and US catalogue numbers as possible, but I have drawn the line at including Japanese numbers (virtually all commercially published items will have been issued in multiple Japanese editions, and a thirty year old recording may have had up to that number of repackagings on the Japanese market). However, exception has been made for the sets of LPs with "EAC" prefix published by Toshiba in the 1980s and including all of Karajan's mono non-operatic recordings with the Philharmonia and Vienna Philharmonic Orchestras. To collectors such as myself these gave an opportunity to sample early LP issues which had long since disappeared from our catalogues. Also included are items issued in Japan only, particularly in the CD and video areas.

Recording dates are now given as precisely as possible, but in works recorded over a larger time span only the first and last dates are named, without any implication that work on the recordings(s) took place on every day in that period. For groups of works recorded systematically as a set, such as the 1977 Beethoven symphony set or the sets of Haydn Paris and London symphonies, it is sometimes the case that only one block date is available.

The comparatively few compilation albums recorded by Herbert von Karajan – Christmas songs with Leontyne Price, European anthems and Prussian and Austrian marches – are listed in a separate miscellaneous section rather than under the individual composers. Numbers of most modern compilation selections, drawn from existing complete works and much encouraged by organisations like Classic FM, are with only a few exceptions not included.

As before, abbreviations are kept to a minimum. The orchestras which Karajan conducts are named in full except for the commonly recognised BPO (Berlin Philharmonic), VPO (Vienna Philharmonic) and VSO (Vienna Symphony).

Lower case typeface is used throughout the discography. Once accustomed, the eye should find this accepted stylistic device as a positive aid in areas of tightly-packed text.

John Hunt 2000

LIVE RECORDINGS
OF OUTSTANDING
MUSICIANS

BERLINER
PHILHARMONIKER

CONDUCTOR
**HERBERT
VON KARAJAN**

D. SHOSTAKOVICH
SYMPHONY № 10

НА КОНЦЕРТАХ
ВЫДАЮЩИХСЯ
МАСТЕРОВ

БЕРЛИНСКИЙ
ФИЛАРМОНИЧЕСКИЙ
ОРКЕСТР

ДИРИЖЕР
**ГЕРБЕРТ
ФОН КАРАЯН**

Д. ШОСТАКОВИЧ
СИМФОНИЯ № 10

SERGE PROKOFIEFF

PETER UND DER WOLF

Eine musikalische Erzählung für Kinder

Konny Schneider, Fräulein · Philharmonia Orchester London · Dirigent Herbert von Karajan

Columbia

stéréo

DP YL 10.022   33⅓ tours minute   SBOF 125.507 Ⓐ

GIOACCHINO ROSSINI (1792-1868)

GUILLAUME TELL – Ouverture
(11'55)

THE PHILHARMONIA ORCHESTRA
direction :
HERBERT von KARAJAN

MADE IN FRANCE

ADOLPHE ADAM (1803-1856)

giselle, standard abridged version

vienna 5-22 september 1961	vpo	lp: decca LXT 6002/SXL 6002/JB 14 lp: london (usa) CM 9320/CS 6251 cd: decca 417 7382/448 0422

TOMASO ALBINONI (1671-1751)

adagio, arranged by giazotto

st moritz 5-7 august 1969	bpo	lp: dg 2530 247/415 2011/419 0461/ 419 4881 cd: dg 415 3012/419 0462
berlin 28-30 september 1983	bpo	lp: dg 413 3091 cd: dg 413 3092/445 2822/ 449 7242/463 2912

JOHANN SEBASTIAN BACH (1685-1750)
matthäus-passion

vienna november 1948	vpo wiener singverein schwarzkopf höngen w.ludwig schmitt-walter braun	private video issue in japan *heavily abridged soundtrack recording for film depicting the passion story illustrated with 15th-17th century paintings; spoken commentary superimposed over the music; according to angelo scottini an italian language version of this soundtrack was also recorded in rome with the santa cecilia orchestra and chorus and the soloists sciutti, pirazzini, sinimberghi, bruscantini and christoff - it is not clear if this version was also conducted by karajan*
vienna 9 june 1950	vso wiener singverein seefried ferrier w.ludwig edelmann schöffler	lp: foyer FO 1046 cd: foyer 3CF 2013 cd: arkadia CDKAR 211 cd: verona 27070-27072 cd: gala 100.612 *excerpts* cd: verona 27076 cd: smith (netherlands) WISPCD25971
berlin 14 december 1971- 26 june 1972	bpo wiener singverein janowitz ludwig schreier laubenthal berry fischer-dieskau	lp: dg 2720 070 cd: dg 419 7892 *excerpts* cd: dg 463 0002/463 0012
salzburg 28 march 1972	bpo wiener singverein janowitz ludwig schreier krenn berry fischer-dieskau	unpublished radio broadcast
salzburg 5 april 1977	bpo wiener singverein tomowa-sintov baldani schreier krenn kerns nienstedt	unpublished radio broadcast

mass in b minor

vienna 15 june 1950	vso wiener singverein schwarzkopf ferrier w.ludwig poell schöffler	cd: foyer 2CF 2022 cd: arkadia CDKAR 212 cd: verona 27073-27074 *excerpts* cd: verona 27076

london
23 november
1952-
16 july
1953

philharmonia
wiener singverein
schwarzkopf
höffgen
gedda
rehfuss

lp: columbia 33CX 1121-1123
lp: columbia (france) 33FCX 291-293
lp: columbia (germany) C 90337-90339/
  33WCX 1121-1123
lp: columbia (italy) 33QCX 10055-10057
lp: angel 3500
lp: world records T 854-856
lp: emi RLS 746/EX 29 09743/
  1C181 01791-01793
cd: emi CHS 763 5052
excerpts
lp: columbia (germany) C 80527/
  33WSX 544
choruses recorded in vienna 2-7 november
1952 accompanied by members of vso
described for the recording as orchester
der gesellschaft der musikfreunde

salzburg
20 august
1961

vpo
wiener singverein
price
ludwig
gedda
souzay
berry

lp: movimento musica 03.012

berlin
23 september
1973-
5 january
1974

bpo
wiener singverein
janowitz
ludwig
schreier
kerns
ridderbusch

lp: dg 2740 112/415 0221
cd: dg 415 6222/439 6962

mass in b minor/concluded

berlin 30 september 1973	bpo wiener singverein janowitz finnilä hollweg kerns van dam	unpublished radio broadcast
salzburg 6 april 1974	bpo wiener singverein harwood ludwig schreier kerns ridderbusch	unpublished radio broadcast
salzburg 27 august 1985	bpo wiener singverein battle baltsa winbergh van dam	unpublished radio broadcast and unpublished rehearsal extracts

mass in b minor, excerpts (christe eleison; laudamus te; qui sedes; agnus dei; et in unum dominum)

vienna 14 june 1950	vso schwarzkopf ferrier	cd: emi CDM 763 6552/CHS 763 7902/ CHS 769 7412/CHS 567 2072 *these solos are not taken from the complete performance listed above but from a prior rehearsal taped by emi engineers*

magnificat

rome 21 december 1953	rai roma orchestra and chorus schwarzkopf orell dominguez gedda tadeo	unpublished radio broadcast
berlin 8 december 1973	bpo deutsche oper chorus tomowa-sintov angervö kollo van dam	private cd issue in italy
berlin december 1977	bpo deutsche oper chorus tomowa-sintov baltsa schreier luxon	lp: dg 2531 048/2531 342 *recording completed in february 1979*
berlin 31 december 1984	bpo rias choir blegen müller-molinari araiza holl	vhs video: sony SHV 45983 laserdisc: sony SLV 45983

concerto for 4 keyboards and orchestra bwv 1065

salzburg 15 august 1971	czech po frantz klien pommier karajan	unpublished radio broadcast

brandenburg concerto no 1

st moritz 17-24 august 1964	bpo	lp: dg LPM 18 976-18 978/ SLPM 138 976-138 978/LPM 39 005/ SLPM 139 005/2535 488/2709 016/ 2721 198/2726 080/413 1851 cd: dg 431 1732/457 8892
salzburg 20 march 1967	bpo	cd: arkadia CDKAR 212
salzburg 16 august 1968	bpo	cd: nuova era NE 2312-2313 cd: natise HVK 106
moscow 29 may 1969	bpo	lp: melodiya C10 27621 004
berlin 26 september 1972	bpo	unpublished radio broadcast
berlin july 1978- january 1979	bpo	lp: dg 2531 332/2707 112 cd: dg 415 3742
berlin 25 november 1979	bpo	unpublished radio broadcast
salzburg 2 april 1980	bpo	unpublished radio broadcast

brandenburg concerto no 2

st moritz 17-24 august 1964	bpo	lp: dg LPM 18 976-18 978/ SLPM 138 976-138 978/LPM 39 005/ SLPM 139 005/2535 488/2543 019/ 2709 016/2720 111/2726 080/ 413 1851 cd: dg 423 2022/423 5552/427 0492/ 431 1732/457 8892
salzburg 14 august 1968	bpo	cd: nuova era NE 2312-2313
berlin july 1978- january 1979	bpo	lp: dg 2531 332/2707 112 cd: dg 415 3742
oxford 28 may 1981	bpo	unpublished radio broadcast

brandenburg concerto no 3

st moritz
17-24
august
1964
	bpo	lp: dg LPM 18 976-18 978/
		    SLPM 138 976-138 978/LPM 39 005/
		    SLPM 139 005/2535 488/2543 019/
		    2709 016/2720 111/2726 080/
		    413 1851
		cd: dg 423 2022/423 5552/
		    431 1732/457 8892

salzburg 20 march 1967	bpo	cd: arkadia CDKAR 212
florence 14 may 1967	bpo	cd: nuova era NE 2282-2283
berlin 1967	bpo	unpublished unitel video recording
salzburg 16 august 1968	bpo	cd: nuova era NE 2312-2313 cd: natise HVK 106
berlin july 1978- january 1979	bpo	lp: dg 2531 332/2707 112 cd: dg 415 3742
berlin 4 january 1979	bpo	unpublished radio broadcast
salzburg 27 august 1981	bpo	unpublished radio broadcast

brandenburg concerto no 4

st moritz
17-24
august
1964
	bpo	lp: dg LPM 18 976-18 978/
		    SLPM 138 976-138 978/LPM 39 006/
		    SLPM 139 006/2535 489/2709 016/
		    2726 080/413 1851
		cd: dg 431 1732/457 8892

salzburg 14 august 1968	bpo	cd: nuova era NE 2312-2313
berlin 26 september 1976	bpo	cd: foyer CF 2038
berlin july 1978- january 1979	bpo	lp: dg 2531 333/2707 112 cd: dg 415 3742
salzburg 2 june 1979	bpo	unpublished radio broadcast

brandenburg concerto no 5

st moritz
17-24
august
1964
	bpo	lp: dg LPM 18 976-18 978/
		    SLPM 138 976-138 978/LPM 39 006/
		    SLPM 139 006/2535 489/2543 019/
		    2709 016/2720 111/2726 080/413 1851
		cd: dg 423 2022/423 5552/
		    431 1732/457 8892

salzburg 16 august 1968	bpo	cd: nuova era NE 2312-2313
berlin july 1978- january 1979	bpo	lp: dg 2531 333/2707 112 cd: dg 415 3742

brandenburg concerto no 6

berlin
22 february
1965
	bpo	lp: dg LPM 18 976-18 978/
		    SLPM 138 976-138 978/LPM 39 006/
		    SLPM 139 006/2535 489/2709 016/
		    2726 080/413 1851
		cd: dg 431 1732/457 8892

salzburg 14 august 1968	bpo	cd: nuova era NE 2312-2313
zuerich 26 june 1973	bpo	unpublished radio broadcast
salzburg 27 august 1973	bpo	unpublished radio broadcast
berlin july 1978- january 1979	bpo	lp: dg 2531 333/2707 112 cd: dg 415 3742

orchestral suite no 2

edinburgh 26 august 1961	bpo	unpublished radio broadcast
scheveningen 26 june 1963	bpo	unpublished radio broadcast

st moritz
17-24
august
1964
	bpo	lp: dg LPM 18 976-18 978/
		    SLPM 138 976-138 978/LPM 39 007/
		    SLPM 139 007/2535 138/2543 020/
		    2709 016/2720 111
		cd: dg 431 1732

salzburg 20 march 1967	bpo	unpublished radio broadcast
berlin 1967	bpo	unpublished unitel video recording

orchestral suite no 3

st moritz
17-24
august
1964
	bpo	lp: dg LPM 18 976-18 978/
		    SLPM 138 976-138 978/LPM 39 007/
		    SLPM 139 007/2535 138/2543 020/
		    2709 016/2720 111
		cd: dg 423 2022/423 5552/
		    431 1732/457 8892
		air only
		cd: dg 427 0492

air/orchestral suite no 3

tokyo 3 november 1957	bpo	unpublished radio broadcast
berlin 28-30 september 1983	bpo	lp: dg 413 3091 cd: dg 413 3092/445 2822/463 2912

concerto for keyboard and orchestra bwv 1052

salzburg 30 july 1973	vpo pommier	unpublished radio broadcast

concerto for violin and orchestra bwv 1041

st moritz august 1966	bpo ferras	cd: dg 445 1952

concerto for violin and orchestra bwv 1042

st moritz august 1966	bpo ferras	cd: dg 445 1952
salzburg 20 march 1967	bpo ferras	cd: arkadia CDKAR 211
salzburg 25 july 1976	vpo kremer	unpublished radio broadcast
salzburg 11 june 1984	bpo mutter	unpublished radio broadcast
berlin 31 december 1984	bpo mutter	vhs video: sony SHV 45983 laserdisc: sony SLV 45983
salzburg 24 march 1986	bpo mutter	unpublished radio broadcast

MILY BALAKIREV (1837-1910)

symphony no 1

london philharmonia 78: columbia LX 1323-1328/
18 november   LX 8746-8751 auto
1949   lp: columbia 33CX 1002
       lp: columbia (france) 33FCX 170
       lp: columbia (italy) 33QCX 170
       lp: toshiba EAC 37020-37038
       lp: emi XLP 60001/RLS 7715/
           1C137 54364-54367M
       cd: emi CMS 763 3162/CDM 566 5952

BELA BARTOK (1881-1945)

concerto for orchestra

london 28-29 november 1952	philharmonia	lp: columbia 33CX 1054 lp: columbia (france) 33FCX 199 lp: columbia (italy) 33QCX 10052 lp: columbia (germany) C 90313/ 33WCX 1054 lp: angel 35003 lp: toshiba EAC 37020-37038 cd: emi CMS 763 4642/CDM 566 5962 *recording completed on 22 july 1953*
turin 10 april 1953	rai torino orchestra	unpublished radio broadcast
berlin 20 september- 9 november 1965	bpo	lp: dg LPM 39 003/SLPM 139 003/ 2535 202/2543 066/2720 112 cd: dg 415 3222
berlin 8 december 1973	bpo	unpublished radio broadcast
dortmund 3 may 1974	bpo	unpublished radio broadcast
berlin 30 may 1974	bpo	lp: emi ASD 3046/1C065 02536/ 2C069 02536/3C065 02536 cd: emi CMS 763 3212
berlin 8 december 1974	bpo	unpublished radio broadcast

music for strings, percussion and celesta

london 29 november 1949	philharmonia	78: columbia LX 1371-1374/ LX 8781-8784 auto lp: columbia (france) 33FC 1012 lp: columbia (italy) 33QC 5032 lp: columbia (usa) ML 4456 lp: toshiba EAC 37020-37038 cd: emi CMS 763 4642/CDM 566 5962
berlin 9-11 235 november 1960	bpo	lp: columbia 33CX 1783/SAX 2432 lp: columbia (france) 33FCX 917/SAXF lp: columbia (italy) 33QCX 10502 lp: angel 35949 lp: emi SXLP 30536/1C063 00547/ 1C137 54360-54363 cd: emi CDM 769 2422
berlin 26 september 1969	bpo	lp: dg 2530 065/2542 143/ 2543 065/2720 112 cd: dg 415 3222/457 8902

cantata profana

rome 11 december 1954	rai roma orchestra and chorus pirino boriello *sung in italian*	cd: as-disc NAS 2508

piano concerto no 3

turin 12 february 1954	rai torino orchestra anda	unpublished radio broadcast
salzburg 13 august 1972	dresden staatskapelle anda	cd: as-disc NAS 2508 cd: dg 447 6662
berlin 27 january 1974	bpo pommier	unpublished radio broadcast
salzburg 28 august 1981	bpo duchable	unpublished radio broadcast
berlin 24 january 1982	bpo duchable	unpublished radio broadcast

LUDWIG VAN BEETHOVEN (1770-1827)

symphony no 1

london 21 november 1953	philharmonia	lp: columbia 33CX 1136 lp: columbia (france) 33FCX 250 lp: columbia (italy) 33QCX 10099 lp: columbia (germany) C 70367/ 33WC 515 lp: angel 35097 lp: world records SM 143-149 lp: emi SLS 5053/1C181 01830-01836Y lp: toshiba EAC 37001-37019 cd: emi CMS 763 3102
turin 15 february 1954	rai torino orchestra	unpublished radio broadcast

berlin
27-28
december
1961
	bpo	lp: dg KL 1-8/SKL 101-108/
		    LPM 18 801/SLPM 138 801/
		    2542 102/2720 007/
		    2720 104/2721 055
		cd: dg 429 0362/453 7002/
		    453 7012/459 2392/463 0882

salzburg 28 august 1966	vpo	private cd issue in japan only
berlin 1971	bpo	vhs video: dg 072 1303 laserdisc: dg 072 1301
berlin january 1975- march 1977	bpo	lp: dg 2531 101/2721 200/ 2740 172/419 0481 cd: dg 419 0482/429 0892/429 6772
tokyo 13 november 1977	bpo	unpublished radio broadcast
tokyo 28 october- 4 november 1981	bpo	unpublished radio broadcast *two separate performances*
berlin 23-31 january 1984	bpo	lp: dg 415 5051/415 0661 cd: dg 415 5052/415 0662/ 439 0012/439 2002 vhs video: sony SHV 46363/S5HV 48365 laserdisc: sony SLV 46363

symphony no 2

turin 10-11 april 1953	rai torino orchestra	unpublished radio broadcast *two separate performances*
london 12-23 november 1953	philharmonia	lp: columbia 33CX 1227 lp: columbia (france) 33FCX 420 lp: columbia (italy) 33QCX 10185 lp: columbia (germany) C 90407/ 33WCX 1227 lp: angel 35196 lp: world records SM 143-149 lp: emi SLS 5053/1C181 01830-01836Y lp: toshiba EAC 37001-37019 cd: emi CMS 763 3102

berlin
30 december
1961-
22 january
1962
	bpo	lp: dg KL 1-8/SKL 101-108/
		    LPM 18 801/SLPM 138 801/
		    2542 102/2720 007/
		    2720 104/2721 055
		cd: dg 429 0362/453 7002/
		    453 7012/463 0882

berlin 1972	bpo	vhs video: dg 072 1303 laserdisc: dg 072 1301

symphony no 2/concluded

dortmund 3 may 1974	bpo	unpublished radio broadcast
berlin march 1977	bpo	lp: dg 2531 101/2721 200/ 2740 172/419 0501 cd: dg 419 0502/429 0892/429 6772
lucerne 31 august 1977	bpo	unpublished radio broadcast
tokyo 14 november 1977	bpo	unpublished radio broadcast
berlin 18-24 february 1984	bpo	lp: dg 415 5051/415 0661 cd: dg 415 5052/415 0662/ 439 0012/439 2002 vhs video: sony SHV 46365/S5HV 48365 laserdisc: sony SLV 46365 dvd: sony SVD 46365
berlin 25 february 1984	bpo	unpublished radio broadcast

symphony no 3 "eroica"

berlin december 1944	staatskapelle	lp: arfon (russia) 91 00049 cd: refrain (japan) DR 92 0040 cd: gramofono AB 78670 cd: koch 315092
london 20 november- 1 december 1952	philharmonia	lp: columbia 33CX 1046 lp: columbia (france) 33FCX 204 lp: columbia (italy) 33QCX 10013 lp: columbia (germany) C 90307/ 33WCX 1046/SHZE 133 lp: angel 35000 lp: world records SM 143-149 lp: emi SLS 5053/1C181 01830-01836Y lp: toshiba EAC 37001-37019 cd: emi CMS 763 3102 *also an unofficial cd issue by pickwick,* *described as dresden so/schreiber*
berlin 8 september 1953	bpo	lp: maestri del secolo APE 1205 lp: wg records WG 30003 lp: joker SM 1337 cd: artemis 710.000/710.003 *also issued on cd by classical collection*

berlin
11-15
november
1962
	bpo	lp: dg KL 1-8/SKL 101-108/
		    LPM 18 802/SLPM 138 802/
		    2542 103/2720 007/
		    2720 104/2721 055
		cd: dg 429 0362/453 7002/453 7012/
		    459 0242/459 0682/
		    459 2392/463 0882
		third movement
		cd: dg 457 6892

berlin 21 september 1969	bpo	cd: nuova era NE 2399-2404 cd: arkadia CDKAR 214 cd: natise HVK 101
vienna 10 june 1970	bpo	cd: foyer CF 2038

symphony no 3/concluded

berlin 1971	bpo	vhs video: dg 072 1323 laserdisc: dg 072 1321
berlin january 1975- march 1977	bpo	lp: dg 2531 103/2543 027/2720 111/ 2721 200/2740 172/419 0491 cd: dg 419 0492/429 0892/429 6772
new york 4 november 1976	bpo	unpublished radio broadcast
salzburg 28 august 1977	bpo	unpublished radio broadcast
tokyo 13 november 1977	bpo	unpublished radio broadcast
berlin 25 november 1979	bpo	unpublished radio broadcast
tokyo 28 october- 4 november 1981	bpo	unpublished radio broadcast *two separate performances*
berlin 30 april 1982	bpo	vhs video: sony SHV 48434 laserdisc: sony SLV 48434 *bpo centenary concert*
berlin 23-31 january 1984	bpo	lp: dg 415 5061/415 0661 cd: dg 415 5062/415 0662/ 439 0022/439 2002 vhs video: sony SHV 46365/S5HV 48365 laserdisc: sony SLV 46365 dvd: sony SVD 46365
berlin 28 january 1984	bpo	unpublished radio broadcast

symphony no 4

london 13-16 november 1953	philharmonia	lp: columbia 33CX 1278 lp: columbia (italy) 33QCX 10149 lp: columbia (germany) C 90447/ 33WCX 1278 lp: angel 35023 lp: world records SM 143-149 lp: toshiba EAC 37001-37019 lp: emi SLS 5053/1C181 01830-01836Y cd: emi CMS 763 3102
rome 24 december 1952	rai roma orchestra	unpublished radio broadcast
rome 11 december 1953	rai roma orchestra	unpublished radio broadcast

berlin
14 march
1962
	bpo	lp: dg KL 1-8/SKL 101-108/
		    LPM 18 803-SLPM 138 803/
		    2542 104/2720 007/
		    2720 104/2721 055
		cd: dg 429 0362/453 7002/
		    453 7012/463 0882
		recording completed on 9 november 1962

florence 15 may 1967	bpo	cd: nuova era NE 2282-2283
berlin 1972-1973	bpo	vhs video: dg 072 1313 laserdisc: dg 072 1311
london 4 january 1973	bpo	unpublished radio broadcast
salzburg 16 april 1973	bpo	unpublished radio broadcast

symphony no 4/continued

new york 11 november 1974	bpo	unpublished radio broadcast
salzburg 27 august 1975	bpo	unpublished radio broadcast
berlin september 1976	bpo	lp: dg 2531 104/2721 200/ 2740 172/419 0481 cd: dg 419 0482/429 0892/429 6772
tokyo 15 november 1977	bpo	unpublished radio broadcast
berlin 31 january 1983	bpo	unpublished radio broadcast
berlin 29 november- 6 december 1983	bpo	lp: dg 415 1211/415 0661 cd: dg 415 1212/415 0662/ 439 0032/439 2002 vhs video: sony SHV 46366/S5HV 48365 laserdisc: sony SLV 46366 dvd: sony SVD 46366
berlin 3 december 1983	bpo	unpublished radio broadcast
salzburg 31 march 1985	bpo	unpublished radio broadcast

symphony no 4/concluded

brussels 25 april 1985	bpo	unpublished radio broadcast
london 27 april 1985	bpo	unpublished radio broadcast
salzburg 28 august 1987	bpo	unpublished radio broadcast
osaka 30 april 1988	bpo	unpublished radio broadcast
tokyo 4 may 1988	bpo	unpublished radio broadcast

symphony no 5

turin 14 may 1948	rai torino orchestra	unpublished radio broadcast
vienna 11-17 november 1948	vpo	78: columbia LX 1330-1333/ LCX 140-143/LX 8752-8755 auto 78: columbia (austria) LVX 79-82 lp: columbia 33CX 1004 lp: columbia (france) 33FCX 107 lp: columbia (italy) 33QCX 107 lp: columbia (austria) 33VCX 506 lp: columbia (usa) RL 3063 lp: toshiba EAC 30111 cd: emi CDM 566 3912/CMS 566 4832 cd: javelin HADCD 134 cd: grammofono AB 78792
london 26-28 august 1953	philharmonia	columbia unpublished
rome 11 december 1953	rai roma orchestra	unpublished radio broadcast

london
9-10
november
1954
	philharmonia	lp: columbia 33CX 1266
		lp: columbia (france) 33FCX 454/
		    33FCX 30093
		lp: columbia (italy) 33QCX 10186
		lp: columbia (germany) C 70369/
		    33WC 517/SHZE 169
		lp: angel 35231
		lp: world records SM 143-149
		lp: toshiba EAC 37001-37019
		lp: emi SLS 5053/1C181 01380-01386Y
		cd: emi CMS 763 3102

tokyo 3 november 1957	bpo	unpublished radio broadcast *recording incomplete*
rome 31 october 1958	bpo	unpublished radio broadcast

symphony no 5/continued

berlin
9-12
march
1962
	bpo	lp: dg KL 1-8/SKL 101-108/
		    LPM 18 804/SLPM 138 804/
		    2542 105/2720 007/
		    2720 104/2721 055
		cd: dg 423 2032/423 5552/429 0362/
		    429 4322/453 7002/453 7012/
		    457 9212/463 0882
		*this recording was also published
		unofficially in a considerable number
		of lp and cd editions, mostly incorrectly
		dated 28 march 1958*

berlin january- february 1966	bpo	vhs video: dg 072 1823 laserdisc: dg 072 1821
berlin 26 september 1970	bpo	unpublished radio broadcast
milan 23 may 1971	bpo	unpublished radio broadcast
berlin 1972-1973	bpo	vhs video: dg 072 1313 laserdisc: dg 072 1311 *first movement* vhs video: dg 072 1963 laserdisc: dg 072 1961
london 4 january 1973	bpo	unpublished radio broadcast
salzburg 16 april 1973	bpo	unpublished radio broadcast
zürich 26 june 1973	bpo	unpublished radio broadcast

symphony no 5/concluded

lucerne   bpo   unpublished radio broadcast
1 september
1973

berlin   bpo   lp: dg 2531 105/2543 028/2720 111/
october   2721 200/2740 172/419 0511
1976   cd: dg 419 0512/429 0892/429 6772

paris   bpo   unpublished radio broadcast
16 june
1977

tokyo   bpo   unpublished radio broadcast
16 november
1977

tokyo   bpo   unpublished radio broadcast
29 october
1981

tokyo   bpo   unpublished radio broadcast
5 november
1981

berlin   bpo   lp: dg 413 9321/415 0661
18-21   cd: dg 413 9322/415 0662/
november   439 0042/439 2002
1982   vhs video: sony SHV 46366/S5HV 48365
                              laserdisc: sony SLV 46366
                              dvd: sony SVD 46366

berlin   bpo   unpublished radio broadcast
20 november
1982

tokyo   bpo   unpublished radio broadcast
22 october
1984

berlin   bpo   unpublished radio broadcasts
3-4   *two separate performances*
december
1988

symphony no 6 "pastoral"

london 9-10 july 1953	philharmonia	lp: columbia 33CX 1124 lp: columbia (france) 33FCX 234 lp: columbia (italy) 33QCX 10093 lp: columbia (germany) C 90340/ 33WCX 1124/SHZE 196 lp: angel 35080 lp: world records SM 143-149 lp: toshiba EAC 37001-37019 lp: emi SLS 5053/1C181 01830-01836Y cd: emi CMS 763 3102 cd: javelin HADCD 134 *javelin incorrectly describes orchestra* *as london philharmonic*
turin 12 february 1954	rai torino orchestra	unpublished radio broadcast
rome 31 october 1958	bpo	unpublished radio broadcast

berlin
13-15
february
1962
	bpo	lp: dg KL 1-8/SKL 101-108/
		    LPM 18 805/SLPM 138 805/
		    2542 106/2720 007/
		    2720 104/2721 055
		cd: dg 423 2032/423 5552/429 0362/
		    431 1592/453 7002/453 7012/
		    457 9212/463 0882
		this recording was also published
		unofficially in a considerable number
		of lp and cd editions, mostly incorrectly
		dated 4 november 1960

symphony no 6/continued

berlin 1967	bpo	vhs video: dg 072 1303 laserdisc: dg 072 1301 *third, fourth and fifth movements* vhs video: dg 072 1963 laserdisc: dg 072 1961
moscow 28 may 1969	bpo	lp: melodiya C10 27621 004
london 16 may 1972	bpo	unpublished radio broadcast
berlin october 1976	bpo	lp: dg 2531 106/2543 029/2720 111/ 2721 200/2740 172/415 8331 cd: dg 415 8332/429 0892/429 6772
paris 16 june 1977	bpo	unpublished radio broadcast
salzburg 28 august 1977	bpo	unpublished radio broadcast
tokyo 16 november 1977	bpo	unpublished radio broadcast
aachen 13 december 1977	bpo	unpublished radio broadcast

symphony no 6/concluded

tokyo 8 november 1981	bpo	unpublished radio broadcast
berlin 18-21 november 1982	bpo	lp: dg 413 9361/413 0661 cd: dg 413 9362/413 0662/ 439 0042/439 2002 vhs video: sony SHV 46367/S5HV 48365 laserdisc: sony SLV 46367
berlin 20 november 1982	bpo	unpublished radio broadcast
tokyo 22 october 1984	bpo	unpublished radio broadcast
salzburg 13 april 1987	bpo	unpublished radio broadcast
cologne 5 november 1987	bpo	unpublished radio broadcast

symphony no 7

berlin june 1941	staatskapelle	78: grammophon 67643-67648 cd: dg 423 5262/423 5252 cd: grammofono AB 78026-78031
london 28 november 1951	philharmonia	lp: columbia 33CX 1035 lp: columbia (france) 33FCX 160 lp: columbia (italy) 33QCX 10007 lp: columbia (austria) 33VCX 519 lp: columbia (germany) C 90304/ 33WCX 1035 lp: angel 35003 lp: world records SM 143-149 lp: toshiba EAC 37001-37019 lp: emi SLS 5053/1C181 01830-01836Y cd: emi CMS 763 3102 *recording completed in april and may 1952*
rome 24 december 1952	rai roma orchestra	unpublished radio broadcast
vienna 13 february 1957	vso	cd: orfeo C232 901A *incorrectly dated 18 february 1957*
vienna 9-10 march 1959	vpo	lp: victor LM 2548/LD 6407/LSC 2548/ LDS 6407/RB 16212/SB 2087 lp: decca ADD 232/SDD 232 cd: decca 448 0422

berlin
13-14
march
1962
	bpo	lp: dg KL 1-8/SKL 101-108/
		    LPM 18 806/SLPM 138 806/
		    2542 107/2720 007/
		    2720 104/2721 055
		cd: dg 429 0362/453 7002/
		    453 7012/463 0882

salzburg 8 april 1968	bpo	cd: nuova era NE 2235 cd: curcio-hunt CONB 4
berlin 1971	bpo	vhs video: dg 072 1323 laserdisc: dg 072 1321
berlin 26 september 1973	bpo	unpublished radio broadcast

symphony no 7/concluded

berlin january 1975- march 1977	bpo	lp: dg 2531 107/2721 200/ 2740 172/419 0501 cd: dg 419 0502/429 0892/429 6772 *second movement* cd: dg 419 7352
tokyo 15 november 1977	bpo	unpublished radio broadcast
berlin 28 january 1978	bpo	unpublished radio broadcast
salzburg 2 june 1979	bpo	unpublished radio broadcast
salzburg 13 april 1981	bpo	unpublished radio broadcast
berlin 31 january 1983	bpo	unpublished radio broadcast
berlin 29 november- 6 december 1983	bpo	lp: dg 415 1211/415 0661 cd: dg 415 1212/415 0662/ 439 0032/439 2002 vhs video: sony SHV 46367/S5HV 48365 laserdisc: sony SLV 46367
berlin 3 december 1983	bpo	unpublished radio broadcast
brussels 25 april 1985	bpo	unpublished radio broadcast

symphony no 8

vienna 13-20 september 1946	vpo	78:columbiaLX988-990/LX8557-8559auto 78: columbia (france) LFX 824-826 78: columbia (austria) LVX 48-50 45: columbia (usa) EL 51 lp: toshiba EAC 30102 lp: emi RLS 7714/1C137 54370-54373M cd: emi CDM 566 3912/CMS 763 3262/ CMS 566 4832 cd: grammofono AB 78691
london 13 november 1953	philharmonia	columbia unpublished *recording probably incomplete*
london 19-20 may 1955	philharmonia	*mono version* lp: columbia 33CX 1392 lp: columbia (france) 33FCX 449 lp: columbia (italy) 33QCX 10191 lp: columbia (germany) C 90516/C 70364/ 33WCX 1392/33WC 512 lp: angel 3544 lp: toshiba EAC 37001-37019 *stereo version* lp: toshiba EAC 37001-37019 lp: world records SM 143-149 cd: emi CMS 763 3102
london 17 april 1961	bpo	cd: arkadia CDKAR 208 cd: curcio-hunt CONB 3 cd: classical society CSCD 115

berlin
23 january
1962
	bpo	lp: dg KL 1-8/SKL 101-108/
		    LPM 18 807/SLPM 138 807/
		    SLPM 139 015/2720 007/2720 104/
		    2721 055/2725 101/2726 503
		cd: dg 429 0362/431 1592/453 7002/
		    453 7012/459 0242/459 0682/
		    463 0882

symphony no 8/concluded

berlin 1972	bpo	vhs video: dg 072 1303 laserdisc: dg 072 1301
berlin january 1975- march 1977	bpo	lp: dg 2707 109/2721 200/ 2740 172/419 0511 cd: dg 419 0512/429 0892/429 6772
london 12 may 1976	bpo	unpublished radio broadcast
tokyo 17 november 1977	bpo	unpublished radio broadcast
berlin 18-24 february 1984	bpo	lp: dg 415 5071/415 0661 cd: dg 415 5072/415 0662/ 439 0052/439 2002 vhs video: sony SHV 46363/S5HV 48365 laserdisc: sony SLV 46363
berlin 25 february 1984	bpo	unpublished radio broadcast

symphony no 9 "choral"

vienna
20 october–
6 november
1947
	vpo
	wiener singverein
	schwarzkopf
	höngen
	patzak
	hotter
		78: columbia LX 1097-1105/
		    LX 8612-8620 auto
		78: columbia (france) LFX 846-854
		78: columbia (italy) GQX 11250-11258
		78: columbia (austria) LV 32-40
		45: columbia (usa) EL 51
		lp: toshiba EAC 30101
		lp: emi RLS 7714/1C137 54370-54373M/
		    2C153 03200-03205M
		cd: emi CDH 761 0762/CZS 479 9312
		cd: arkadia 78544
		cd: grammofono AB 78736
		*recording completed on 10-14
		december 1947*

tokyo april 1954	nhk so	unpublished private recording of rehearsal extract from third movement *karajan speaks in english*
rome 4 december 1954	rai roma orchestra and chorus stich-randall rössl-majdan kmennt frick	unpublished radio broadcast

vienna
24-29
july
1955
	philharmonia
	wiener singverein
	schwarzkopf
	höffgen
	haefliger
	edelmann
		lp: columbia 33CX 1391-1392
		lp: columbia (france) 33FCX 448-449
		lp: columbia (italy) 33QCX 10190-10191
		lp: columbia (germany) C 90515-90516/
		    33WCX 1391-1392/HZE 107
		lp: angel 3544
		lp: world records SM 143-149
		lp: toshiba EAC 37001-37019
		lp: emi SLS 5053/1C181 01380-01386Y/
		    1C063 01200M/3C053 01200
		cd: emi CMS 763 3102

berlin 25 april 1957	bpo st hedwig's choir grümmer höffgen haefliger frick	lp: maestri del secolo APE 1209 lp: movimento musica 08.001 lp: replica SRPL 22400 lp: wg records WG 30009 lp: joker SM 1340 cd: artemis 710.001 *concert for bpo 75th anniversary; also issued on cd by classical collection*

symphony no 9/continued

new york 20 november 1958	new york philharmonic nyposo choir price forrester simoneau scott	unpublished radio broadcast
berlin 8 october- 9 november 1962	bpo wiener singverein janowitz rössl-majdan kmentt berry	lp: dg KL 1-8/SKL 101-108/ LPM 18 807-18 808/ SLPM 138 808-138 808/2543 030/ 2720 007/2720 104/2720 111/ 2720 261/2721 055/2725 101/ 2726 503 cd: dg 423 2042/423 5552/429 0362/ 447 4012/453 7002/453 7012/ 463 0882 *rehearsal extracts published on various promotional lps and cds*
salzburg 15 august 1963	vpo wiener singverein janowitz ludwig kmentt berry	private cd issue in italy only
berlin 15 october 1963	bpo wiener singverein janowitz wagner alva wiener	unpublished radio broadcast *opening concert in berlin philharmonie*
berlin 1 january 1968	bpo deutsche oper chorus janowitz ludwig thomas berry	cd: claque GM 1003 cd: curcio-hunt CONB 1 *also unpublished video recording*
vienna 14 june 1970	bpo wiener singverein janowitz reynolds hollweg ridderbusch	cd: nuova era NE 2399-2404 cd: natise HVK 112

symphony no 9/continued

berlin january 1975- march 1977	bpo wiener singverein tomowa-sintov baltsa schreier van dam	lp: dg 2707 109/2721 200/ 2740 172/413 8321 cd: dg 413 8322/429 0892/429 6772
salzburg 28 august 1976	bpo wiener singverein tomowa-sintov baltsa schreier van dam	unpublished radio broadcast
new york 14 november 1976	bpo tomowa-sintov baltsa böhm van dam	unpublished radio broadcast
tokyo 18 november 1977	bpo japanese choir hendricks angervö winkler sotin	unpublished radio broadcast
berlin 31 december 1977	bpo deutsche oper chorus tomowa-sintow baltsa kollo van dam	vhs video: dg 072 1333 laserdisc: dg 072 1331
tokyo 21 october 1979	bpo wiener singverein tomowa-sintov baldani schreier van dam	unpublished radio broadcast

symphony no 9/concluded

vienna 4 may 1982	bpo wiener singverein tomowa-sintov baltsa goldberg moll	unpublished radio broadcast
berlin 20-28 september 1983	bpo wiener singverein perry baltsa cole van dam	lp: dg 413 9331/415 0661 cd: dg 410 9872/415 0662/ 439 0062/439 2002 dvd: sony SVD 46364
salzburg 17 april 1984	bpo wiener singverein perry müller-molinari büchner van dam	unpublished radio broadcast
berlin 19-29 september 1986	bpo wiener singverein cuberli müller-molinari cole grundheber	vhs video: sony SHV 48366/S5HV 48365 laserdisc: sony SLV 46364 *this recording probably also issued in a private* *cd edition for the friends of salzburg osterfestspiele*

piano concerto no 1

berlin 30 november- 1 december 1966	bpo eschenbach	lp: dg 139 023/2535 273/2543 031 2720 111/410 8371 cd: dg 435 0962 cd: philips 456 7632

berlin
27-28
september
1977
	bpo
	weissenberg
		lp: emi SLS 5112/1C157 53060-53063/
		    2C165 53060-53063
		lp: angel 3854
		cd: emi CDM 769 3342/CDM 566 0902/
		    CZS 252 1722/CMS 566 1122

piano concerto no 2

berlin
27-28
september
1977
	bpo
	weissenberg
		lp: emi SLS 5112/1C157 53060-53063/
		    2C165 53060-53063
		lp: angel 3854
		cd: emi CDM 769 3342/CDM 566 0902/
		    CZS 252 1722/CMS 566 1122

piano concerto no 3

berlin 26 may 1957	bpo gould	cd: nuova era 013.6323/NE 2351-2356 cd: music and arts CD 678 cd: virtuoso 269.7062
salzburg 8 april 1974	bpo pommier	unpublished radio broadcast
salzburg 15 august 1976	dresden staatskapelle gilels	unpublished radio broadcast

berlin
20 september
1976
	bpo
	weissenberg
		lp: emi SLS 5112/1C157 53060-53063/
		    2C165 53060-53063
		lp: angel 3854
		cd: emi CDM 769 3352/CDM 566 0912/
		    CZS 252 1722/CMS 566 1122
		recording completed on 27-28
		september 1977

piano concerto no 3/concluded

salzburg 20 march 1978	bpo lupu	unpublished radio broadcast
berlin 27 december 1980	bpo pollini	cd: exclusive EX92 T41

piano concerto no 4

london
9-11
june
1951
	philharmonia
	gieseking
		78: columbia LX 1443-1446/
		    LX 8831-8834 auto
		78: columbia (italy) GQX 11493-11496
		lp: columbia 33C 1007
		lp: columbia (france) 33FC 1014
		lp: columbia (italy) 33QC 1012/
		    33QCX 10499
		lp: columbia (austria) 33VC 804
		lp: columbia (germany) C 91244/C 70085/
		    33WCX 598/33WC 1007
		lp: columbia (usa) ML 4535/RL 3092/
		    3216 0371
		lp: emi 3C153 52425-52431M
		lp: toshiba EAC 37001-37019
		cd: emi CDM 566 6042
		cd: philips 456 8112

salzburg 4 april 1971	bpo weissenberg	unpublished radio broadcast

berlin
4-6
september
1974
	bpo
	weissenberg
		lp: emi SLS 5112/1C157 53060-53063/
		    2C165 53060-53063/1C065 03853/
		    2C069 03853
		lp: angel 3854
		cd: emi CDM 769 3352/CDM 566 0922/
		    CZS 252 1722/CMS 566 1122

osaka 10 november 1977	bpo weissenberg	unpublished radio broadcast *also includes rehearsal extracts*

piano concerto no 5 "emperor"

london 8-9 june 1951	philharmonia gieseking	78: columbia LCX 5008-5012 lp: columbia 33CX 1010 lp: columbia (france) 33FCX 135 lp: columbia (italy) 33QCX 135 lp: columbia (austria) 33VCX 507 lp: columbia (germany) C90295/ 33WCX 1010 lp: columbia (usa) ML 4623/3216 0029 lp: emi 3C153 52425-52431M lp: toshiba EAC 37001-37019 cd: emi CDM 566 6042 cd: philips 456 8112

berlin
26-27
may
1974
	bpo
	weissenberg
		lp:emiASD3043/SLS5112/1C065 02535/
		    2C069 02535/3C065 02535/
		    1C157 53060-53063/
		    2C165 53060-53063
		lp: angel 37062/3854
		cd: emi CDM 769 3362/CDM 566 0912/
		    CZS 252 1722/CMS 566 1122

vienna 2 march 1975	vpo weissenberg	unpublished radio broadcast
salzburg 11 april 1976	bpo weissenberg	unpublished radio broadcast

violin concerto

vienna 17 april 1948	vpo neveu	unpublished radio broadcast *recording probably incomplete*
berlin 25-26 january 1967	bpo ferras	lp: dg 139 021/2726 521/ 2740 137/419 0521 cd: dg 437 6442
berlin 24-25 september 1979	bpo mutter	lp: dg 2531 250/2543 032/ 2720 111/2740 282 cd: dg 413 8182/415 5652/453 7072
berlin 15 february 1980	bpo mutter	unpublished radio broadcast
salzburg 31 march 1980	bpo mutter	unpublished radio broadcast
salzburg 12 august 1980	european youth orchestra mutter	laserdisc: toshiba TOLW 3533 *rehearsal and performance*
tokyo 29 october- 5 november 1981	bpo mutter	unpublished radio broadcast *two separate performances*
berlin 18-24 february 1984	bpo mutter	vhs video: sony SHV 48366/S5HV 48365 laserdisc: sony SLV 46885 dvd: sony SVD 46385

triple concerto

berlin
15-17
september
1969
	bpo
	richter
	oistrakh
	rostropovich
			lp: emi ASD 2582/1C065 02042/
			    2C069 02042/3C065 02042
			lp: angel 36727
			lp: melodiya CM 02021-02022
			lp: supraphon SV 11 00898
			lp: eterna 826 226
			cd: emi CDM 769 0322/CDM 764 7442/
			    CDM 566 0922/CMS 566 1122/
			    CDM 566 2192/CDM 566 9022
			third movement
			cd: emi HVKBPO 1

salzburg   bpo   unpublished radio broadcast
27 august   zeltser
1978   mutter
    ma

lucerne   bpo   unpublished radio broadcast
31 august   zeltser
1978   mutter
    ma

salzburg   bpo   unpublished radio broadcast
2 june   zeltser
1979   mutter
    ma

london   bpo   unpublished radio broadcast
18 june   zeltser
1979   mutter
    ma

berlin   bpo   lp: dg 2531 262/2740 262
27-29   zeltser   cd: dg 415 2762/435 0962/447 9072/
september   mutter   453 7002/453 7072
1979   ma

coriolan overture

london
20 june-
15 july
1953
	philharmonia	lp: columbia 33CX 1227
		lp: columbia (france) 33FCX 420/
		    33FC 25107
		lp: columbia (italy) 33QCX 10185
		lp: columbia (germany) C 90407/C 70363/
		    33WCX 1227/33WC 511
		lp: angel 35196
		lp: emi SLS 5053/1C181 01830-01836Y
		lp: toshiba EAC 37001-37019
		cd: emi CMS 763 3102

rome 31 october 1958	bpo	unpublished radio broadcast

berlin
21-22
september
1965
	bpo	lp: dg LPM 39 005/SLPM 139 005/
		    SLPM 139 015/2530 414/2542 141/
		    2543 031/2707 046/2720 011/
		    2720 111/2721 137/2726 079/
		    410 8371/415 8331
		cd: dg 415 2762/415 8332/427 2562/
		    429 0892/429 6772/445 1122

salzburg 8 april 1968	bpo	cd: nuova era NE 2235/NE 2399-2404 cd: arkadia CDKAR 214/CDKAR 222 cd: curcio-hunt CONB 4 cd: natise HVK 101
berlin 1975	bpo	vhs video: dg 072 1313 laserdisc: dg 072 1311
berlin 2-4 december 1985	bpo	lp: dg 415 5071/415 0661 cd: dg 415 5072/415 0662/ 439 0052/439 2002 laserdisc: sony SLV 48314

egmont overture

london
20 june-
15 july
1953
	philharmonia	lp: columbia 33CX 1136
		lp: columbia (france) 33FCX 250/
		    33FC 25107
		lp: columbia (italy) 33QCX 10099
		lp: columbia (germany) C 70363/
		    33WC 511/SHZE 169
		lp: angel 35097
		lp: emi SLS 5053/1C181 01830-01836Y
		lp: toshiba EAC 37001-37019
		cd: emi CMS 763 3102

turin 15 february 1954	rai torino orchestra	unpublished radio broadcast

berlin
3-6
january
1969
	bpo	lp: dg 2530 301/2530 414/2542 141/
		    2543 027/2707 046/2720 011/
		    2720 111/2721 137/2721 198/
		    2726 079/419 0481
		cd: dg 415 2762/419 0482/419 6242/
		    427 2562/429 0892/429 6772/
		    445 1122/447 9122

berlin 1975	bpo	vhs video: dg 072 1313 laserdisc: dg 072 1311
berlin 29 november- 7 december 1985	bpo	lp: dg 415 5061/415 0661 cd: dg 415 5062/415 0662/ 439 0022/439 2002 laserdisc: sony SLV 58314

egmont, incidental music to goethe's drama

berlin 3-6 january 1969	bpo janowitz schellow	lp: dg 2530 301/2720 011/2721 137 cd: dg 419 6242/447 9122 *includes the version of egmont* *overture listed above*

66
fidelio

vienna 5 june 1953	vso wiener singverein mödl schwarzkopf windgassen schock edelmann braun	unpublished radio broadcast *this was a concert performance of the opera*
salzburg 27 july 1957	vpo vienna opera chorus goltz jurinac zampieri kmentt schöffler edelmann zaccaria	lp: melodram MEL 040 cd: arkadia CDKAR 222 cd: claque GM 2007-2008 *excerpts* lp: maestri del secolo APE 1210 lp: wg records WG 30010 lp: joker SM 1340 cd: classical collection CDCLC 6009 cd: artemis 710.000/710.002
milan 17 december 1960	la scala orchestra and chorus nilsson lipp vickers unger hotter frick crass	lp: historical recording enterprises HRE 388
vienna 25 may 1962	vpo vienna opera chorus ludwig janowitz vickers kmentt kreppel berry wächter	lp: movimento musica 03.014 *excerpts* lp: replica SRPL 22400 cd: natise HVK 110 cd: nuova era NE 2235 *natise and nuova era incorrectly dated 1960*

fidelio/concluded

munich 1 december 1963	bayerische staatsoper orchestra and chorus ludwig steffek uhl stolze berry frick prey	cd: arkadia CDKAR 208

berlin
12-16
october
1970
	bpo
	deutsche oper
	chorus
	dernesch
	donath
	vickers
	laubenthal
	van dam
	kelemen
	ridderbusch
		lp: emi SLS 954/SLS 5231/EX 769 2901/
		1C165 02125-02127/2C165 02125-02127/
		3C153 02125-02127/2C167 43064-43065
		lp: angel 3773
		cd: emi CMS 769 2902
		excerpts
		lp: emi ASD 2911/SEOM 18/
		    SXLP 50506/1C063 02209/
		    1C047 02381
		cd: emi CDM 769 3382/CZS 252 1592/
		    CMS 764 5632
		recording completed on 15 december
		1970

salzburg 19 march 1978	bpo vienna opera chorus behrens mathis winkler zednik van dam nimsgern plishka	unpublished radio broadcast

fidelio, excerpt (abscheulicher, wo eilst du hin?)

watford
20 september
1954
	philharmonia
	schwarzkopf
		lp: columbia 33CX 1266
		lp: columbia (france) 33FCX 454/
		    33FCX 30093
		lp: columbia (italy) 33QCX 10186
		lp: angel 35231
		lp: toshiba EAC 37001-37019
		lp: emi RLS 7715/RLS 154 6133/
		    1C137 54364-54367M
		cd: emi CDH 763 2012

fidelio overture

berlin 21-22 september 1965	bpo	lp: dg LPM 39 001/SLPM 139 001/ SLPM 139 015/2530 414/2535 310/ 2542 141/2707 046/2720 011/ 2721 137/2726 079/419 0511 cd: dg 415 2762/419 0512/427 2562/ 429 0892/429 6772/445 1122
berlin 29 november- 7 december 1985	bpo	lp: dg 415 5071/415 0661 cd: dg 415 5072/415 0662/ 439 0052/439 2002 laserdisc: sony SLV 48314

other versions of fidelio overture included in the complete performances of the opera listed above

die geschöpfe des prometheus, overture

berlin 2-3 january 1969	bpo	lp: dg 2707 046/2720 011/2721 137/ 2726 079/419 8331 cd: dg 419 8332/427 2562/ 429 0892/429 6772/445 1122

könig stephan, overture

berlin 2-3 january 1969	bpo	lp: dg 2707 046/2720 011/2721 137/ 2726 079/419 0521 cd: dg 427 2562/437 6442/447 9072

leonore no 1, overture

berlin 2-3 january 1969	bpo	lp: dg 2707 046/2720 011/ 2721 137/2726 079 cd: dg 427 2562/445 1122

leonore no 2, overture

berlin 2-3 january 1969	bpo	lp: dg 2707 046/2720 011/ 2721 137/2726 079 cd: dg 427 2562

leonore no 3, overture

amsterdam 15 september 1943	concertgebouw orchestra	78: grammophon 68181-68182/ 69182-69183 auto cd: dg 423 5262/423 5252 cd: grammofono AB 78026-78031 cd: sirio SO 53007
london 13-14 july 1953	philharmonia	lp: columbia 33CX 1136 lp: columbia (france) 33FCX 250 lp: columbia (italy) 33QCX 10099 lp: columbia (germany) C 70363/ 33WC 511 lp: angel 35097 lp: toshiba EAC 37001-37019 lp: emi SLS 5053/1C181 01830-01836Y cd: emi CMS 763 4562

berlin
21-22
september
1965
	bpo	lp: dg LPM 39 001/SLPM 139 001/
		    SLPM 139 015/2530 414/2542 141/
		    2543 028/2707 046/2720 011/
		    2720 111/2721 137/2726 079/
		    77 199/419 0491
		cd: dg 419 0492/427 2562/
		    429 0892/429 6772/445 1122

berlin 29 november- 7 december 1985	bpo	lp: dg 415 5071/415 0661 cd: dg 415 5072/415 0662/ 439 0052/439 2002 laserdisc: sony SLV 48314

other versions of leonore no 3 overture included in the complete performances of fidelio listed above; version of the overture on cd arkadia CDKAR 222, incorrectly described as london april 1961, cannot be correctly identified

namensfeier, overture

berlin 2-3 january 1969	bpo	lp: dg 2707 046/2720 011/ 2721 137/2726 079 cd: dg 427 2562/437 6442

die ruinen von athen, overture

berlin
2-3
january
1969
	bpo	lp: dg 2530 414/2542 141/2707 046/
		    2720 011/2721 137/2726 079/
		    419 8331
		cd: dg 419 8332/427 2562/429 0892/
		    429 6772/445 1122/447 9072

die weihe des hauses, overture

london 24 july 1954	philharmonia	columbia unpublished *recording incomplete*

berlin
2-3
january
1969
	bpo	lp: dg 2707 046/2720 011/
		    2721 137/2726 079
		cd: dg 427 2562/437 6442/
		    445 1122

ah perfido!, concert aria

watford	philharmonia	lp: columbia 33CX 1278
20 september	schwarzkopf	lp: columbia (italy) 33QCX 10149
1954		lp: columbia (germany) C 90447/
		33WCX 1278
		lp: angel 35203
		lp: toshiba EAC 37001-37019
		lp: emi RLS 7715/RLS 154 6133/
		1C137 54364-54367M
		cd: emi CDH 763 2012

grosse fuge, arranged by weingartner

st moritz	bpo	lp: dg 2530 066
11-12		cd: dg/belart 450 1082
august		
1969		

berlin	bpo	unpublished radio broadcast
31 december		
1969		

wellingtons sieg/die schlacht bei vittoria

berlin	bpo	lp: dg 139 045/643 210/2530 212/
3 january		2535 125/2538 142/2538 212/
1969		413 2651
		cd: dg 419 6242/447 9122

yorckscher marsch, arranged by schade

berlin	bpo	lp: dg 2535 647/2535 686/2721 077
march		cd: dg 429 0742/431 6412
1973		

european anthem/ode to joy, arranged by karajan

berlin	bpo	lp: dg 2530 250
february-		
march		
1972		

missa solemnis

rome 24 september 1951	vso wiener singverein troetschel wagner haefliger rehfuss	unpublished radio broadcast

vienna
12-16
september
1958
	philharmonia
	wiener singverein
	schwarzkopf
	ludwig
	gedda
	zaccaria
		lp: columbia 33CX 1634-1635
		lp: columbia (france) 33FCX 828-829/
		    SAXF 177-178
		lp: columbia (italy) 33QCX 10369-10370/
		    SAXQ 7317-7318
		lp: columbia (germany) C 91019-91020/
		    STC 91019-91020/33WCX 1634-1635
		lp: angel 3595
		lp: eterna 820.558-820.559
		lp: world records T 914-915/ST 914-915
		lp: emi SLS 5198/1C191 00627-00628/
		    1C137 00627-00628/
		    2C181 00627-00628/
		    3C153 00627-00628
		cd: testament SBT 2126
		testament edition includes rehearsal extracts

salzburg 19 august 1959	vpo wiener singverein price ludwig gedda zaccaria	lp: melodram MEL 704 lp: joker SM 1343 cd: nuova era NE 2262-2253 cd: emi CMS 566 8762 *emi edition includes rehearsal extracts* *recorded on 18 august 1959*

berlin
21-28
february
1966
	bpo
	wiener singverein
	janowitz
	ludwig
	wunderlich
	berry
		lp: dg KL 95-96/SKL 195-196/2707 030/
		    2720 013/2721 135/2726 048/
		    410 5351
		cd: dg 423 9132/453 0162

berlin 25 february 1966	bpo wiener singverein janowitz ludwig wunderlich berry	cd: arkadia CDKAR 214

missa solemnis/concluded

berlin
23-28
september
1974
	bpo
	wiener singverein
	janowitz
	baltsa
	schreier
	van dam
		lp: emi SLS 979/CFPD 4420-4421/
		   CFP 41 44203/1C193 02581-02582/
		   2C167 02581-02582/
		   3C165 02581-02582
		lp: angel 3821
		cd: emi CMS 769 2462

berlin 29 september 1974	bpo wiener singverein janowitz baltsa hollweg van dam	unpublished radio broadcast
salzburg 28 march 1975	bpo wiener singverein janowitz baltsa schreier ridderbusch	unpublished radio broadcast
salzburg 7 april 1979	bpo wiener singverein tomowa-sintov baltsa tappy van dam	vhs video: dg 072 1343 laserdisc: dg 072 1341
salzburg 13 april 1979	bpo wiener singverein tomowa-sintov baltsa tappy van dam	unpublished radio broadcast
berlin 25-29 september 1985	bpo wiener singverein cuberli schmidt cole van dam	lp: dg 419 1661 cd: dg 419 1662/445 5432 laserdisc: sony SLV 53483
salzburg 27 august 1986	bpo wiener singverein cuberli schmidt cole van dam	unpublished radio broadcast

ALBAN BERG (1885-1935)

violin concerto

berlin 26 january 1985	bpo amoyal	unpublished radio broadcast

lyric suite, orchestral version

berlin december 1972- february 1974	bpo	lp: dg 2530 487/2711 014/413 8011 cd: dg 423 1322/427 4242/457 7602
berlin 19 april 1975	bpo	unpublished radio broadcast
berlin 26 january 1980	bpo	unpublished radio broadcast
salzburg 24 may 1980	bpo	unpublished radio broadcast

3 orchestral pieces op 6

berlin december 1972- february 1974	bpo	lp: dg 2530 487/2711 014/413 8011 cd: dg 427 4242/457 7602
zuerich 26 june 1973	bpo	unpublished radio broadcast
salzburg 27 august 1973	bpo	unpublished radio broadcast
lucerne 1 september 1974	bpo	unpublished radio broadcast
berlin 4 january 1979	bpo	unpublished radio broadcast

HECTOR BERLIOZ (1803-1869)

symphonie fantastique

london 7-21 july 1954	philharmonia	lp: columbia 33CX 1206 lp: columbia (france) 33FCX 396 lp: columbia (italy) 33QCX 10136 lp: columbia (germany) C 90393/ 33WCX 1206 lp: angel 35202 lp: world records TP 625 lp: toshiba EAC 37001-37019 lp: emi RLS 7715/1C137 54364-54367M cd: emi CMS 763 3162/CDM 566 5982
berlin 27-30 december 1964	bpo	lp: dg LPM 18 964/SLPM 138 964/ 2535 256/2543 036/2720 111 cd: dg 429 5112/463 0802 *excerpts* lp: dg 2538 095
salzburg 14 august 1966	bpo	cd: natise HVK 111
paris october 1971	orchestre de paris	unpublished unitel video recording
berlin 14 october 1974	bpo	lp: dg 2530 597 cd: dg 415 3252 *recording completed on 21 february 1975*
berlin 24 january 1977	bpo	unpublished radio broadcast
salzburg 23 may 1980	bpo	unpublished radio broadcast

symphonie fantastique/concluded

berlin september 1980	bpo	unpublished unitel video recording
berlin 6 december 1980	bpo	unpublished radio broadcast
salzburg 18 may 1986	bpo	unpublished radio broadcast
berlin 1 march 1987	bpo	unpublished radio broadcast
paris 13 june 1987	bpo	unpublished radio broadcast
salzburg 27 august 1987	bpo	unpublished radio broadcast
frankfurt 6 november 1987	bpo	unpublished radio broadcast

le carnaval romain, overture

london
9 january
1958
	philharmonia	lp: columbia 33CX 1548
		lp: columbia (france) CVD 2073
		lp: columbia (italy) 33QCX 10328
		lp: columbia (germany) C 90985/
		    33WCX 1548
		lp: angel 35613
		lp: emi SLS 5019/1C181 25307-25311/
		    SXLP 30450/1C053 03929/
		    2C053 00703/143 5643
		cd: emi CDM 769 4662/CZS 252 1592/
		    CDM 566 5982
		cd: royal classics ROY 6474
		cd: disky HR 700 062

marche hongroise/la damnation de faust

london
9-18
january
1958
	philharmonia	lp: columbia 33CX 1571/SAX 2302
		lp: columbia (france) 33FCX 824/
		    SAXF 160/CVD 2072
		lp: columbia (italy) 33QCX 10359/
		    SAXQ 7260
		lp: columbia (germany) SHZE 150
		lp: angel 35614/37231
		lp: emi SLS 5019/1C181 25307-25311/
		    1C137 03059-03060/143 5643/
		    2C053 00724
		cd: emi CDM 769 4672/CZS 252 1592/
		    CDM 566 5982
		cd: royal classics ROY 6475
		cd: disky HR 700 062

berlin
29 december
1978-
3 january
1979
	bpo	lp: emi ASD 3761/1C065 03626/
		    2C069 03626/EG 29 10681
		lp: angel 37687
		cd: emi CDC 749 8952/CDM 763 5272/
		    CZS 569 4582

berlin 31 december 1978	bpo	vhs video: dg 072 1833 laserdisc: dg 072 1831

ballet des sylphes & menuet des follets/la damnation de faust

berlin
22-24
september
1971

bpo

lp: dg 2530 244/415 8561
cd: dg 415 8562/429 5112/463 0802

royal hunt and storm/les troyens

london
6 january
1959

philharmonia
and chorus

lp: columbia SAX 2294
lp: columbia (france) 33FCX 830/ SAXF 142
lp: columbia (italy) 33QCX 10366/ SAXQ 7259
lp: columbia (germany) STC 91065/ SAXW 2294
lp: angel 35793
lp: emi SLS 5019/1C181 25307-25311/ 1C037 00422
cd: emi CDM 769 4652/CZS 252 1592/ CDM 566 5982
cd: royal classics ROY 6473
cd: disky HR 700 062

GEORGES BIZET (1838-1875)

carmen

vienna 8 october 1954	vso wiener singverein simionato güden gedda roux	lp: great opera performances GFC 026-028 cd: melodram MEL 27012 cd: gala GL 100.603
milan 18 january 1955	la scala orchestra and chorus simionato carteri di stefano roux	lp: cetra LO 22 lp: discocorp RR 470 lp: turnabout THS 65160-65162 *excerpts* cd: di stefano GDS 102 cd: arkadia CDKAR 221
vienna 10 december 1961	vpo vienna opera chorus resnik güden usunow protti	cd: arkadia CDKAR 201 *incorrectly dated 10 december 1962*

vienna
18-26
november
1963
	vpo
	vienna opera
	chorus
	price
	freni
	corelli
	merrill
		lp: victor LD 6164/LDS 6164/
		   LMDS6199/LSC 6199/RE 5514-515/
		   SER 5600-5602/VLS 45473
		cd: rca/bmg GD 86199/74321 394952
		excerpts
		lp: victor LM 2843/LSC 2843/LSC 3341/
		   RB 6671/SB 6671/RL 42427
		cd: rca/bmg GD 60190/09026 681522/
		   09026 681532
		*also issued unofficially on cd by
		lyrica LRC 01013*

salzburg 27 july 1966	vpo vienna opera chorus bumbry freni vickers diaz	cd: frequenz CBJ 3 *excerpts* cd: memories HR 4394-4395

carmen/concluded

salzburg 29 july 1967	vpo vienna opera chorus bumbry freni vickers diaz	cd: arkadia CDKAR 221 *excerpts* cd: natise HVK 110	

salzburg vpo vhs video: philips 070 4403
august vienna opera *previously issued on laserdisc in*
1967 chorus *japan but incorrectly dated 1965*
   bumbry *or 1969; film sessions probably*
   freni *shot in munich*
   vickers
   diaz

berlin bpo lp: dg 2741 025
september deutsche oper cd: dg 410 0882
1982 chorus *excerpts*
   baltsa lp: dg 413 3321/415 1061
   ricciarelli cd: dg 413 3322/415 1062/415 3402/
   carreras 419 7352/423 8032/445 1952
   van dam *dialogues recorded in march 1983*

salzburg vpo unpublished radio broadcast
26 july vienna opera
1985 concert chorus
   baltsa
   perry
   carreras
   van dam

salzburg vpo unpublished radio broadcast
26 july vienna opera
1986 concert chorus
   müller-molinari
   izzo d'amico
   carreras
   van dam

carmen, suite

london philharmonia lp: columbia 33CX 1608/SAX 2289
16 january lp:columbia (france)33FCX775/SAXF 133
1958 lp: columbia (germany) C91094/
　　　　　　STC 91094/33WCX 1608/
　　　　　　SAXW 2289
　　　　lp: angel 35618
　　　　lp: world records T 1044/ST 1044
　　　　lp: emi SLS839/SXDW 3048/EMX 2028/
　　　　　　1C177 02348-02352/1C053 00995/
　　　　　　2C053 00724/2C059 00995/
　　　　　　3C053 00995
　　　　cd: emi CDM 769 4672/CZS 252 1592/
　　　　　　CDZ 762 8532
　　　　cd: royal classics ROY 6475
　　　　cd: disky HR 700 062

berlin bpo lp: dg 2530 128/2543 041/2720 111/
28-29 　　　413 9831/419 4691
december cd: dg 431 1602
1970 *excerpts*
　　　　lp: dg 2535 253

version of the suite on dg 413 3321/413 3322 is taken from the complete performance of the opera recorded by dg in 1982

carmen, act 4 prelude

london philharmonia 45: columbia SEL 1547/SCD 2130
22 july 45: columbia (france) ESBF 170
1954 45: columbia (italy) SEBQ 149
　　　　lp: columbia 33CX 1265
　　　　lp: columbia (france) 33FCX 407
　　　　lp: columbia (italy) 33QCX 10150
　　　　lp: columbia (germany) C 90435/
　　　　　　33WCX 1265
　　　　lp: angel 35207
　　　　lp: toshiba EAC 37020-37038

carmen, acts 2 and 3 preludes

london philharmonia columbia unpublished
24 july
1954

l'arlésienne, suite no 1

london
14-15
january
1958
	philharmonia	lp: columbia 33CX 1608/SAX 2289
		lp: columbia (france) 33FCX 775/
		    SAXF 133
		lp: columbia (germany) C 91094/
		    STC 91094/33WCX 1608/
		    SAXW 2289/SHZE 216
		lp: angel 35618
		lp: world records T 1044/ST 1044
		lp: emi SLS 5019/EMX 2028/
		    1C181 25307-25311/1C053 00995/
		    1C137 03059-03060/2C059 00995/
		    3C053 00995
		cd: emi CDZ 762 8532
		excerpts
		45: columbia SEL 1632/SEL 1639/
		    ESL 6257/ESL 6264
		lp: columbia 33SX 1394

berlin 28-29 december 1970	bpo	lp: dg 2530 128/2543 041/ 2720 111/419 4691 cd: dg 431 1602
berlin 1 january 1972	bpo	unpublished radio broadcast
berlin 28 september 1983	bpo	lp: dg 415 1061 cd: dg 415 1062 *recording completed in february 1984*

l'arlésienne, suite no 2

london
14-15
january
1958
	philharmonia	lp: columbia 33CX 1608/SAX 2289
		lp: columbia (france) 33FCX 775/
		    SAXF 133
		lp: columbia (germany) C 91094/
		    STC 91094/33WCX 1608/
		    SAXW 2289/SHZE 216
		lp: angel 35618
		lp: world records T 1044/ST 1044
		lp: emi SLS 5019/EMX 2028/
		    1C181 25307-25311/1C053 00995/
		    1C137 03059-03060/2C059 00995/
		    3C053 00995
		cd: emi CDZ 762 8532
		excerpts
		45: columbia SEL 1632/SEL 1639/
		    ESL 6257/ESL 6264

berlin 28-29 december 1970	bpo	lp: dg 2530 128/2543 041/ 2720 111/419 4691 cd: dg 431 1602

berlin
29 december
1978-
3 january
1979
	bpo	lp: emi ASD 3761/EG 29 10681/
		    1C065 03626/2C069 03626
		cd: emi CDC 749 8952/CDM 763 5272/
		    CMS 764 5632/CZS 569 4582

berlin 31 december 1978	bpo	vhs video: dg 072 1833 laserdisc: dg 072 1831
berlin 28 september 1983	bpo	lp: dg 415 1061 cd: dg 415 1062 *recording completed in february 1984*

LUIGI BOCCHERINI (1743-1805)

quintettino "la ritrata di madrid"

st moritz 5-7 august 1969	bpo	lp: dg 2530 247 cd: dg 449 7242/457 9142

ALEXANDER BORODIN (1833-1887)

dance of the polovtsian maidens & polovtsian dances/prince igor

london　　　　　　philharmonia　　　　lp: columbia 33CX 1327
8 november　　　　　　　　　　　　　　lp: columbia (france) 33FCX 579
1954　　　　　　　　　　　　　　　　　lp: columbia (italy) 33QCX 10192
　　　　　　　　　　　　　　　　　　　lp: columbia (germany) C 90484/
　　　　　　　　　　　　　　　　　　　　　33WCX 1327
　　　　　　　　　　　　　　　　　　　lp: angel 35307
　　　　　　　　　　　　　　　　　　　lp: toshiba EAC 37020-37038

london　　　　　　philharmonia　　　　lp: columbia 33CX 1774/SAX 2421
22 september　　　　　　　　　　　　　lp: columbia (france) 33FCX 898/
1960　　　　　　　　　　　　　　　　　　　SAXF 210/CVD 2071
　　　　　　　　　　　　　　　　　　　lp: columbia (italy) 33QCX 10192/
　　　　　　　　　　　　　　　　　　　　　SAXQ 7344
　　　　　　　　　　　　　　　　　　　lp: columbia (germany) SHZE 216
　　　　　　　　　　　　　　　　　　　lp: angel 35925/37232
　　　　　　　　　　　　　　　　　　　lp: emi SLS 5019/SXDW 3048/
　　　　　　　　　　　　　　　　　　　　　SXLP 30445/1C181 25307-25311/
　　　　　　　　　　　　　　　　　　　　　1C037 01390/2C053 01413/
　　　　　　　　　　　　　　　　　　　　　143 5643
　　　　　　　　　　　　　　　　　　　cd: emi CDM 769 0412

berlin　　　　　　bpo　　　　　　　　lp: dg 2530 200/2721 198/419 0631
29 december　　　　　　　　　　　　　cd: dg 419 0632/423 2072/423 5552
1970-
6 january
1971

JOHANNES BRAHMS (1833-1897)

symphony no 1

amsterdam 6-11 september 1943	concertgebouw orchestra	78: grammophon 68175-68180/ 69176-69181 cd: dg 423 5272/423 5252 cd: grammofono AB 78026-78031
london 5 may- 31 july 1952	philharmonia	lp: columbia 33CX 1053 lp: columbia (france) 33FCX 162 lp: columbia (italy) 33QCX 10044 lp: columbia (germany) C 90312/ 33WCX 1053 lp: angel 35001 lp: angel (brazil) CBX 78 lp: toshiba EAC 37020-37038 cd: emi CMS 763 4562
washington 27 february 1955	bpo	lp: cetra LO 506 lp: maestri del secolo APE 1202 lp: wg records WG 30001 lp: joker SM 1346 cd: classical collection CDCLC 6000

vienna
23-26
march
1959
	vpo	lp: victor LM 2537/LM 6411/LD 6407/
		    LSC 2537/LSC 6411/LDS 6407/
		    RB 16211/SB 2086
		lp: decca ADD 283/SDD 283/VIV 35
		lp: london (usa) STS 15194
		cd: decca 417 7392/440 2602/448 0422

tokyo 27 october 1959	vpo	unpublished radio broadcast

symphony no 1/continued

berlin
11-12
october
1963
	bpo	lp: dg KL 33-39/SKL 133-139/
		    LPM 18 924/SLPM 138 924/
		    2542 166/2543 042/2720 104/
		    2720 112/2721 075/2740 242
		cd: dg 427 2532/431 1612/447 4082

edinburgh 4 september 1967	bpo	unpublished radio broadcast
salzburg 23 march 1970	bpo	cd: arkadia CD 740 *performance incorrectly described as taking place in berlin*
salzburg 9 august 1970	bpo	unpublished radio broadcast
belgrade 14 october 1972	bpo	unpublished radio broadcast
berlin january- march 1973	bpo	vhs video: dg 072 1703 laserdisc: dg 072 1701
salzburg 27 august 1973	bpo	unpublished radio broadcast
london 11 june 1974	bpo	unpublished radio broadcast
new york 13 november 1974	bpo	unpublished radio broadcast
salzburg 19 may 1975	bpo	unpublished radio broadcast
paris 3 june 1975	bpo	unpublished radio broadcast *recording incomplete*

symphony no 1/continued

berlin october 1977- february 1978	bpo	lp: dg 2531 131/2740 193 cd: dg 427 2532/429 6442/ 429 6772/453 0972
osaka 9 november 1977	bpo	unpublished radio broadcast
aachen 13 december 1977	bpo	unpublished radio broadcast
salzburg 7 june 1981	bpo	unpublished radio broadcast
tokyo 30 october- 6 november 1981	bpo	unpublished radio broadcasts *two separate performances*
berlin 19 february 1983	bpo	unpublished radio broadcast

symphony no 1/concluded

salzburg 28 august 1983	bpo	unpublished radio broadcast
salzburg 11 june 1984	bpo	unpublished radio broadcast
salzburg 28 august 1984	vpo	unpublished radio broadcast
tokyo 23 october 1984	bpo	unpublished radio broadcast
berlin 12 december 1984	bpo	unpublished radio broadcast
berlin 15-19 june 1986	bpo	laserdisc: sony SLV 53477
berlin january 1987	bpo	cd: dg 423 1412/427 6022/449 6012
tokyo 5 may 1988	bpo	unpublished radio broadcast
lucerne 31 august 1988	bpo	unpublished radio broadcast
london 6 october 1988	bpo	unpublished radio broadcast *karajan's final london concert*

symphony no 2

vienna 18-27 october 1949	vpo	78: columbia (austria) LVX 125-129 78: columbia (italy) GQX 11441-11445 lp: columbia (france) 33FCX 285 lp: angel 35007 lp: toshiba EAC 30106 cd: emi CDM 566 3902/CMS 763 3262/ 　　CMS 566 4832 *recording completed on 8-10 november 1949*
rome 6 december 1952	rai roma orchestra	unpublished radio broadcast
rome 26 march 1953	rai roma orchestra	unpublished radio broadcast
london 24-25 may 1955	philharmonia	lp: columbia 33CX 1355 lp: columbia (france) 33FCX 586 lp: columbia (italy) 33QCX 10231 lp: columbia (germany) C 90498/ 　　33WCX 1355 lp: angel 35218 lp: toshiba EAC 37020-37038 lp: emi SXLP 30513/1C053 43052 cd: emi CDM 769 2272
berlin 10-11 october 1963	bpo	lp: dg KL 33-39/SKL 133-139/ 　　LPM 18 925/SLPM 138 925/ 　　2542 167/2720 104/ 　　2721 075/2740 242 cd: dg 429 1532/435 0672/439 4782 *this recording was also published unofficially in a considerable number of lp and cd editions, mostly incorrectly dated 12 may 1959*

symphony no 2/continued

berlin 30 september 1968	bpo	cd: arkadia CD 740
berlin january- march 1973	bpo	vhs video: dg 072 1703 laserdisc: dg 072 1701
london 17 june 1974	bpo	unpublished radio broadcast
new york 9 november 1974	bpo	unpublished radio broadcast
salzburg 17 may 1975	bpo	unpublished radio broadcast
berlin 21 october 1977	bpo	unpublished radio broadcast
berlin october 1977	bpo	lp: dg 2531 132/2740 193 cd: dg 429 6442/429 6772/ 431 0672/453 0972
tokyo 31 october- 7 november 1981	bpo	unpublished radio broadcasts *two separate performances*
salzburg 28 may 1982	bpo	unpublished radio broadcast
salzburg 27 august 1983	bpo	unpublished radio broadcast

symphony no 2/concluded

berlin 26 january 1985	bpo	unpublished radio broadcast
paris 30 april 1985	bpo	unpublished radio broadcast
berlin june 1986	bpo	cd: dg 423 1422/427 6022/449 6012
lucerne 31 august 1986	bpo	unpublished radio broadcast
berlin 23-29 january 1987	bpo	laserdisc: sony SLV 53477
london 10 june 1987	bpo	unpublished radio broadcast
paris 14 june 1987	bpo	unpublished radio broadcast

symphony no 3

vienna
september
1960
	vpo	lp: decca MET 231/SET 231/
		    ADD 284/SDD 284
		lp: london (usa) CM 9318/CS 6249/
		    JB 41035
		cd: decca 417 7442/433 3302/
		    433 3392/448 0422
		recording completed on 29 september-
		8 october 1961

berlin
28-30
september
1964
	bpo	lp: dg KL 33-39/SKL 133-139/
		    LPM 18 926/SLPM 138 926/
		    2542 168/2720 104/
		    2721 075/2740 242
		cd: dg 429 1532/437 6452
		this recording was also published
		unofficially in a considerable number
		of lp and cd editions, mostly incorrectly
		dated 1957

berlin 1967	bpo	unpublished unitel video recording
berlin 30 september 1968	bpo	cd: nuova era NE 2399-2404 cd: arkadia CD 740 cd: natise HVK 104
berlin january- march 1973	bpo	vhs video: dg 072 1713 laserdisc: dg 072 1711
london 18 june 1974	bpo	unpublished radio broadcast
new york 13 november 1974	bpo	unpublished radio broadcast
salzburg 18 may 1975	bpo	unpublished radio broadcast

symphony no 3/concluded

berlin october 1977	bpo	lp: dg 2531 133/2740 193 cd: dg 429 6442/429 6772/ 437 6452/453 0972
tokyo 30 october- 6 november 1981	bpo	unpublished radio broadcasts *two separate performances*
salzburg 28 august 1983	bpo	unpublished radio broadcast
tokyo 23 october 1984	bpo	unpublished radio broadcast
berlin 23 february 1985	bpo	unpublished radio broadcast
paris 30 april 1985	bpo	unpublished radio broadcast
berlin 22 october 1988	bpo	unpublished radio broadcast
berlin october 1988	bpo	cd: dg 427 4962/427 6022/449 6012 *also unpublished telemondial video recording*

symphony no 4

london 26 may 1955	philharmonia	lp: columbia 33CX 1362 lp: columbia (france) 33FCX 538 lp: columbia (italy) 33QCX 10201 lp: columbia (germany) C 90501/ 33WCX 1362 lp: angel 35298 lp: toshiba EAC 37020-37038 lp: emi SXLP 30505/1C053 03604 cd: emi CDM 769 2282
tokyo 6 november 1959	vpo	unpublished radio broadcast

berlin
12-16
october
1963
	bpo	lp: dg KL 33-39/SKL 133-139/
		    LPM 18 927/SLPM 138 927/
		    2542 169/2543 042/2720 104/
		    2720 112/2721 075/2740 242
		cd: dg 423 2052/423 5552/
		    437 6452/445 0092

berlin 28 september 1968	bpo	cd: nuova era NE 2399-2404 cd: arkadia CD 740 cd: curcio-hunt CON 5 cd: natise HVK 104
berlin january- march 1973	bpo	vhs video: dg 072 1713 laserdisc: dg 072 1711
london 17 june 1974	bpo	unpublished radio broadcast
new york 9 november 1974	bpo	unpublished radio broadcast
salzburg 18 may 1975	bpo	unpublished radio broadcast
berlin october 1977	bpo	lp: dg 2531 134/2740 193 cd: dg 429 6442/429 6772/453 0972

symphony no 4/concluded

tokyo 31 october- 7 november 1981	bpo	unpublished radio broadcasts *two separate performances*
salzburg 27 august 1983	bpo	cd: live classics best (japan) LCB 123
berlin 25 november 1984	bpo	unpublished radio broadcast
london 10 june 1987	bpo	unpublished radio broadcast
paris 14 june 1987	bpo	unpublished radio broadcast
berlin 22 october 1988	bpo	unpublished radio broadcast
berlin october 1988	bpo	cd: dg 427 4972/429 6022/449 6012 *also unpublished telemondial video recording*

violin concerto

berlin
4-6
may
1964
	bpo
	ferras
		lp: dg KL 33-39/SKL 133-139/
		    LPM 18 930/SLPM 138 930/
		    2542 117/2543 045/
		    2720 112/2740 137
		cd: dg 429 5132

salzburg 17 may 1975	bpo shiokawa	unpublished radio broadcast

berlin
6-7
march
1976
	bpo
	kremer
		lp: emi ASD 3261/EG 29 02741/
		    1C065 02781/2C069 02781/
		    3C065 02781
		cd: emi CZS 569 3342/CDM 566 1012

salzburg 16 august 1981	vpo mutter	unpublished radio broadcast
berlin 22 september 1981	bpo mutter	lp: dg 2532 032/2740 282 cd: dg 400 0642/415 5652/439 0072/ 445 5152/449 6072

double concerto

berlin 21 october 1977	bpo brandis borwitzky	unpublished radio broadcast
berlin 16-17 february 1983	bpo mutter meneses	lp: dg 410 6031 cd: dg 410 6032/439 0072/449 6072
berlin 19 february 1983	bpo mutter meneses	unpublished radio broadcast
salzburg 16 april 1984	bpo mutter meneses	unpublished radio broadcast

piano concerto no 2

rome 11 december 1954	rai roma orchestra anda	lp: replica RPL 2467 lp: joker SM 1332

berlin
30 november-
1 december
1958
	bpo
	richter-haaser
		lp: columbia 33CX 1680/SAX 2328
		lp: columbia (italy) 33QCX 10492/
		    SAXQ 7369
		lp: columbia (germany) C 91052/
		    STC 91052/33WCX 1680/
		    SAXW 2328
		lp: angel 35796
		lp: eterna 825 433
		lp: world records T 1090/ST 1090
		lp: emi 1C053 01973
		cd: emi CDM 566 0932
		cd: disky DCL 705732/EH 701542

vienna 18 may 1964	bpo backhaus	cd: cetra CDE 1009 cd: bellaphon 689.22002
berlin 18-20 september 1967	bpo anda	lp: dg 139 034/2535 263/2543 044/ 2720 112/410 9771 cd: dg 431 1622
berlin 28 september 1968	bpo anda	cd: arkadia CD 740 cd: natise HVK 108
salzburg 19 may 1975	bpo pollini	unpublished radio broadcast

haydn variations

london 17-19 may 1955	philharmonia	lp: columbia 33CX 1349 lp: columbia (france) 33FCX 594 lp: columbia (italy) 33QCX 10281 lp: columbia (germany) C 90494/ 33WCX 1349 lp: angel 35299 lp: toshiba EAC 37001-37019 lp: emi 3C065 01574 cd: emi CMS 763 4562 *excerpts* lp: columbia 33SX 1394

berlin
13 february
1964
	bpo	lp: dg KL 33-39/SKL 133-139/
		    LPM 18 926/SLPM 138 926/
		    2542 168/2543 046/2707 018/
		    2720 112/2726 078/2726 505
		cd: dg 423 2052/423 5552/
		    427 2532/439 4782/445 0092

florence 14 may 1967	bpo	cd: nuova era NE 2282-2283/ NE 2399-2404

berlin
26 september-
18 october
1976
	bpo	lp: emi SLS 996/CFP 41 44223/
		    1C157 02580-02581/
		    2C167 02580-02581/
		    3C165 02580-02581
		lp: angel 3838
		cd: emi CMS 763 3212/CDM 566 0932

berlin february 1983	bpo	cd: dg 423 1422/427 6022/449 6012
berlin 1 february 1987	bpo	unpublished radio broadcast

tragic overture

vienna
5-22
september
1961
	vpo	lp: decca MET 231/SET 231/
		    ADD 284/SDD 284
		lp: london (usa) CM 9318/
		    CS 6249/JL 41035
		cd: decca 417 7392/417 7882/
		    440 2602/448 0422

berlin
september-
october
1970
	bpo	lp: emi SLS 996/SEOM 18/
		    SXLP 30506/CFP 41 44223/
		    1C157 02580-02581/1C047 02381/
		    1C053 43026/2C167 02580-02581/
		    3C165 02580-02581
		lp: angel 3838
		cd: emi CMS 763 3212/CMS 764 5632/
		    CMS 566 1092

berlin
october
1977-
february
1978
	bpo	lp: dg 2531 133/2543 042/
		    2720 112/2740 193
		cd: dg 423 2052/423 5552/
		    439 4782/445 0092/445 6272

berlin 16-17 february 1983	bpo	lp: dg 410 6031 cd: dg 410 6032/427 4962/ 427 6022/449 6012
berlin 15-19 june 1986	bpo	laserdisc: sony SLV 48314

hungarian dances nos. 1, 3, 5, 6, 17, 18, 19 and 20

berlin 4 september 1959	bpo	lp: dg LPM 18 610/SLPM 138 080/ 2543 046/2720 112 cd: dg 423 2072/423 5552/447 4342 *nos. 1, 3, 5 and 6* lp: dg 135 031 cd: dg 429 1702/445 2892 *nos. 17, 18, 19 and 20* cd: dg 429 1562

ein deutsches requiem

vienna
20 october–
6 november
1947
	vpo
	wiener singverein
	schwarzkopf
	hotter
		78: columbia LX 1055-1064/
		    LX 8595-8604 auto
		78: columbia (italy) GQX 11239-11248
		78: columbia (austria) LVX 68-77
		78: columbia (france) SL 157
		78: columbia (usa) M 755
		lp: toshiba EAC 30103
		lp: emi RLS 7714/1C137 54370-54373M/
		    2C153 03200-03205M
		cd: emi CDH 761 0102/CZS 479 9312
		cd: arkadia 78545
		cd: grammofono AB 78755
		excerpts
		78: columbia (usa) 72562D/72563D
		*first complete gramophone recording
		of the work*

salzburg 22 august 1957	vpo wiener singverein della casa fischer-dieskau	cd: emi CDM 566 8792
vienna 16-18 may 1964	bpo wiener singverein janowitz wächter	lp: dg KL 33-39/SKL 133-139/ 2707 018/2726 078/2726 505 cd: dg 427 2522
salzburg 11 april 1968	bpo wiener singverein janowitz fischer-dieskau	unpublished radio broadcast
salzburg 2 june 1974	bpo wiener singverein janowitz van dam	unpublished radio broadcast

berlin
26 september–
18 october
1976
	bpo
	wiener singverein
	tomowa-sintov
	van dam
		lp: emi SLS 996/CFP 41 44223/
		    1C157 02580-02581/
		    2C167 02580-02581/
		    3C165 02580-02581
		lp: angel 3838
		cd: emi CDM 769 2292/CMS 565 8242
		cd: disky DCL 705872

ein deutsches requiem/concluded

new york 13 november 1976	bpo wiener singverein price van dam	unpublished radio broadcast
salzburg 22 march 1978	bpo wiener singverein janowitz van dam	vhs video: dg 072 1353 laserdisc: dg 072 1351
salzburg 24 march 1978	bpo wiener singverein janowitz van dam	unpublished radio broadcast
vienna 4-8 may 1983	vpo wiener singverein hendricks van dam	lp: dg 410 5211 cd: dg 410 5212/431 6512 *also unpublished telemondial video recording*
salzburg 15 august 1983	vpo wiener singverein hendricks van dam	unpublished radio broadcast
vienna may 1985	vpo wiener singverein battle van dam	laserdisc: sony SLV 53485 *recording completed in june 1987*
berlin 26-27 september 1987	bpo wiener singverein cuberli grundheber	unpublished radio broadcasts *two separate performances*
salzburg 27 august 1988	bpo wiener singverein cuberli grundheber	unpublished radio broadcast
salzburg 28 august 1988	bpo wiener singverein reese grundheber	unpublished radio broadcast *karajan's final appearance at salzburg festival*

BENJAMIN BRITTEN (1913-1976)

variations on a theme of frank bridge

turin 24 april 1953	rai torino orchestra	unpublished radio broadcast
london 10-23 november 1953	philharmonia	lp: columbia 33CX 1159 lp: columbia (italy) 33QCX 10109 lp: angel 35142 lp: toshiba EAC 37020-37038 lp: emi XLP 60002/1C053 03827M cd: emi CMS 763 3162/CDM 566 6012

MAX BRUCH (1838-1920)

violin concerto no 1

berlin 26-28 september 1980	bpo mutter	lp: dg 2532 016/2740 282/2741 008 cd: dg 400 0312/415 5652/ 459 0422/459 0702
berlin 1 january 1981	bpo mutter	unpublished radio broadcast
berlin 30 december 1981	bpo mutter	unpublished radio broadcast
salzburg 28 may 1982	bpo mutter	cd: live classics best (japan) LCB 125

ANTON BRUCKNER (1824-1896)

symphony no 1

berlin 26-27 january 1981	bpo	lp: dg 2532 062/2740 264 cd: dg 415 9852/429 6482/429 6772

symphony no 2

berlin 4 december 1980- 23 january 1981	bpo	lp: dg 2532 063/2740 264 cd: dg 415 9882/429 6482/429 6772

symphony no 3

berlin 20-21 september 1980	bpo	lp: dg 2532 007/2740 264 cd: dg 413 3622/429 6482/429 6772

symphony no 4 "romantic"

berlin
25 september-
16 october
1970
	bpo	lp: emi SLS 811/RLS 768/EG 29 05661
		    1C195 02189-02191/1C065 02414/
		    F669.711-669.715/
		    2C167 02189-02191/
		    2C069 02414/3C165 02189-02191/
		    3C065 02141
		lp: angel 3779
		cd: emi CDM 769 0062/CDF 3000 122/
		    CDM 566 0942
		third movement
		cd: emi HVKBPO 1

salzburg 10 june 1973	bpo	unpublished radio broadcast
lucerne 1 september 1974	bpo	unpublished radio broadcast
berlin 19 april 1975	bpo	unpublished radio broadcast

berlin
21 april
1975
	bpo	lp: dg 2530 674/2543 038/
		    2720 111/2740 264
		cd: dg 415 2772/429 6482/
		    429 6772/439 5222

salzburg 2 june 1979	bpo	cd: live classics best (japan) LCB 141

symphony no 5

vienna 2 october 1954	vso	cd: orfeo C231 901A
salzburg 27 august 1969	vpo	cd: arkadia CD 720/CDGI 720
berlin 31 december 1972	bpo	unpublished radio broadcast
salzburg 9 june 1973	bpo	unpublished radio broadcast
berlin 6-11 december 1976	bpo	lp: dg 2707 101/2740 264 cd: dg 415 9852/429 6482/429 6772
berlin 11 december 1976	bpo	unpublished radio broadcast
salzburg 4 april 1977	bpo	unpublished radio broadcast
berlin 22 november 1980	bpo	unpublished radio broadcast
vienna 10 may 1981	vpo	unpublished radio broadcast
london 27 may 1981	bpo	unpublished radio broadcast

symphony no 6

berlin	bpo	lp: dg 2531 295/2740 264
25-26		cd: dg 419 1942/429 6482/
september		429 6772/447 5252
1979		

symphony no 7

amsterdam   vpo   unpublished radio broadcast
1 july   *second movement*
1964   lp: radio nederlands 109 484L/
                                109 477Y

salzburg   vpo   private cd issue in italy only
28 august
1966

salzburg   bpo   unpublished radio broadcast
31 march
1969

london   bpo   cd: arkadia CD 721
6 june
1969

berlin   bpo   lp: emi SLS 811/SLS 5086/EG 29 08581/
19 october   1C195 02189-02191/
1970   1C165 02467-02468/
                                2C167 02189-02191/
                                3C165 02189-02191
                            lp: angel 3779
                            cd: emi CDM 769 9232/CDM 566 0952
                            recording completed in february
                            and april 1971

salzburg   vpo   unpublished radio broadcast
30 july
1973

linz   vpo   unpublished radio broadcast
23 march
1974

vienna   vpo   unpublished radio broadcast
2 march
1975

symphony no 7/concluded

berlin 14-15 april 1975	bpo	lp: dg 2707 102/2740 264 cd: dg 419 1952/429 6482/429 6772
berlin 6 september 1975	bpo	unpublished radio broadcast
salzburg 9 april 1979	bpo	unpublished radio broadcast
salzburg 15 august 1980	vpo	unpublished radio broadcast
lucerne 1 september 1982	bpo	unpublished radio broadcast
vienna 23 april 1989	vpo	unpublished radio broadcast *karajan's final public appearance*
vienna april 1989	vpo	cd: dg 429 2262/439 0372 *third movement* cd: dg 457 6892 *karajan's final recording sessions*

symphony no 8

berlin 28 june- 29 september 1944	staatskapelle	cd: koch 3-1448-2 *fourth movement only* lp: discocorp RR 391/RR 508 cd: arkadia CD 705 *first movement not recorded; second and third movements recorded for reichsrundfunk on 28 june; fourth movement recorded in experimental stereo on 29 september*
vienna 17 april 1957	vpo	unpublished radio broadcast

berlin
23-25
may
1957
	bpo	lp: columbia 33CX 1586-1587
		lp: columbia (germany) C 90972-90973/
		  STC 90972-90973/33WCX 1586-1587/
		  SAXW 9501-9502
		lp: angel 3576
		lp: world records T 772-773/ST 772-773
		lp: emi SXDW 3024/CFP 41 44343/
		  1C187 00763-00764
		cd: emi CMS 763 4692/CES 569 0922/
		  CMS 566 1092

london 4 april 1965	vpo	cd: nuova era NE 2251-2252
salzburg 21 march 1967	bpo	cd: arkadia CD 705
salzburg 29 august 1971	vpo	unpublished radio broadcast
salzburg 11 june 1973	bpo	unpublished radio broadcast
chicago 4 november 1974	bpo	unpublished radio broadcast
new york 10 november 1974	bpo	unpublished radio broadcast

symphony no 8/concluded

berlin 20-23 january 1975	bpo	lp: dg 2707 085/2740 264 cd: dg 419 1962/429 6482/ 429 6772/439 9692 *recording completed on 22* *april 1975*
salzburg 28 august 1975	bpo	unpublished radio broadcast
salzburg 15 august 1978	vpo	unpublished radio broadcast
st florian 4 june 1979	vpo	vhs video: dg 072 1363 laserdisc: dg 072 1361
london 19 june 1979	bpo	unpublished radio broadcast
salzburg 29 may 1982	bpo	unpublished radio broadcast
lucerne 1 september 1983	bpo	unpublished radio broadcast
salzburg 17 august 1986	vpo	unpublished radio broadcast
vienna november 1988	vpo	cd: dg 427 6112 vhs video: sony SHV 46403 laserdisc: sony SLV 46403
new york 26 february 1989	vpo	unpublished radio broadcast

symphony no 9

vienna 26 may 1962	vpo	unpublished radio broadcast
berlin 15-19 march 1966	bpo	lp: dg 139 011/2542 129/ 2543 039/2720 111 cd: dg 429 9042
salzburg 27 august 1967	vpo	unpublished radio broadcast
berlin 22 january 1970	bpo	cd: arkadia CD 722
salzburg 3 june 1974	bpo	unpublished radio broadcast
vienna 21 june 1974	bpo	unpublished radio broadcast
berlin 13-16 september 1975	bpo	lp: dg 2530 828/2740 264 cd: dg 419 0832/429 6482/429 6772
salzburg 25 july 1976	vpo	cd: dg 435 3262/435 3212

symphony no 9/concluded

lucerne 2 september 1976	bpo	unpublished radio broadcast
vienna 7 may 1978	vpo	cd: live classics best (japan) LCB 141 vhs video: dg 072 1373 laserdisc: dg 072 1371
lucerne 31 august 1985	bpo	unpublished radio broadcast
berlin 24 november 1985	bpo	vhs video: sony SHV 46381 laserdisc: sony SLV 46381
salzburg 24 march 1986	bpo	unpublished radio broadcast

mass no 2

salzburg bpo unpublished radio broadcast
18 may wiener singverein
1975

te deum

perugia 29 september 1952	vso wiener singverein streich herrmann haefliger braun	cd: arkadia CD 705
salzburg 24 august 1960	vpo wiener singverein price rössl-majdan wunderlich berry	cd: emi CMS 566 8802
vienna 26 may 1962	vpo wiener singverein lipp höngen gedda kreppel	unpublished radio broadcast
salzburg 30 july 1972	vpo wiener singverein mathis simon laubenthal van dam	unpublished radio broadcast
salzburg 10 june 1973	bpo wiener singverein mathis ludwig laubenthal hendrix	unpublished radio broadcast
vienna 21 june 1974	bpo wiener singverein donath reynolds schreier van dam	unpublished radio broadcast
berlin 26-29 september 1975	bpo wiener singverein tomowa-sintov baltsa schreier van dam	lp: dg 2530 704 cd: dg 453 0912 *recording completed on 28 may 1976*

te deum/concluded

new york 15 november 1976	bpo wiener singverein tomowa-sintov baltsa krenn van dam	unpublished radio broadcast
vienna 7 may 1978	vpo wiener singverein tomowa-sintov baltsa rendall van dam	vhs video: dg 072 1373 laserdisc: dg 072 1371
salzburg 4-9 april 1982	bpo wiener singverein perry borris araiza van dam	unpublished radio broadcasts *two separate performances*
vienna 22 september 1984	vpo wiener singverein perry müller-molinari winbergh malta	lp: dg 410 5211 cd: dg 410 5212/429 9802
salzburg 25 march 1986	bpo wiener singverein bandelli schmidt winbergh furlanetto	unpublished radio broadcast

EMMANUEL CHABRIER (1841-1894)

espana

vienna 15-16 december 1947	vpo	cd: emi CDM 566 3922/CMS 566 4832 cd: iron needle IN 1408 *unpublished columbia 78rpm recording*
london 17 july 1953	philharmonia	45: columbia SEL 1528 45: columbia (italy) SEBQ 129 lp: columbia 33CX 1335 lp: columbia (france) 33FCX 512 lp: columbia (italy) 33QCX 10198 lp: columbia (germany) C 80464/ 33WSX 528 lp: angel 35327 lp: toshiba EAC 37020-37038

london
23-24
september
1960
	philharmonia	lp: columbia 33CX 1758/SAX 2404
		lp: columbia (france) 33FCX 894/
		    SAXF 216/CVD 2075
		lp: angel 35926
		lp: world records T 838/ST 838
		lp: emi SLS 839/SXDW 3048/
		    CFP 40368/1C177 02348-02352/
		    1C137 02059-02060/1C037 00765/
		    2C053 01414/143 5643
		cd: emi CDM 769 4672/CZS 252 1592
		cd: royal classics ROY 6475
		cd: disky DCL 705872/HR 700 062
		cd: laserlight 24426

berlin
29 december
1978-
3 january
1979
	bpo	lp: emi ASD 3761/EG 29 10681/
		    1C065 03626/2C069 03626
		cd: emi CDC 749 8952/CDM 763 2572/
		    CMS 764 5632/CZS 569 4582

joyeuse marche

london 9 july 1955	philharmonia	45: columbia (france) ESBF 135 lp: columbia 33CX 1335 lp: columbia (france) 33FCX 512 lp: columbia (italy) 33QCX 10198 lp: columbia (germany) C 80464/ 33WSX 528 lp: angel 35327 lp: toshiba EAC 37020-37028

london
23 september
1960
	philharmonia	lp: columbia 33CX 1758/SAX 2404
		lp: columbia (france) 33FCX 894/
		    SAXF 216/CVD 2074
		lp: angel 35926/37250
		lp: world records T 838/ST 838
		lp: emi SLS 5019/CFP 40308/
		    1C181 25307-25311/1C037 00765/
		    2C053 00726
		cd: emi CDM 769 4672/CZS 252 1592
		cd: royal classics ROY 6475
		cd: laserlight 24426
		cd: disky HR 700 062

LUIGI CHERUBINI (1760-1842)

anacréon, overture

berlin april 1939	staatskapelle	78: grammophon 67514 cd: dg 423 5312/423 5252 cd: grammofono AB 78026-78031 cd: mazur INF 982-984
berlin 16 november 1980- 3 january 1981	bpo	lp: emi ASD 4072/1C065 03973/ 2C069 03973/103 9731/EG 29 10581 lp: angel 37810 cd: emi CDM 769 0202/CDM 764 6292

FREDERIC CHOPIN (1810-1849)

piano concerto no 2

salzburg 25 may 1980	bpo zimerman	unpublished radio broadcast
lucerne 1 september 1980	bpo zimerman	cd: exclusive EX92 T41

les sylphides, ballet suite arranged by douglas

berlin
25-28
april
1961
	bpo	lp: dg LPEM 19 257/SLPEM 136 257/
		    2535 189/413 9811
		cd: dg 423 2152/423 5552/429 1632/
		    437 4042/459 4452
		excerpts
		lp: dg 2535 621/2538 095

FRANCESCO CILEA (1866-1950)

adriana lecouvreur, intermezzo

berlin 22-25 september 1967	bpo	lp: dg 139 031 cd: dg 419 2572

ARCANGELO CORELLI (1653-1713)

concerto grosso op 6 no 8 "christmas concerto"

st moritz
19-23
august
1970
	bpo	lp: dg 2530 070/2542 143/415 0271/
		    419 0461/419 4131
		cd: dg 415 3012/419 0462/
		    419 4132/449 9242

CLAUDE DEBUSSY (1862-1918)

pelléas et mélisande

rome 19 december 1954	rai roma orchestra and chorus schwarzkopf gayraud haefliger roux petri	lp: cetra ARK 6 lp: rodolophe RP 12393-12395 cd: arkadia CDKAR 218
vienna 6 january 1962	vpo vienna opera chorus güden höngen gui wächter zaccaria	unpublished radio broadcast

berlin
december
1978
	bpo
	deutsche oper
	chorus
	von stade
	denize
	stilwell
	van dam
	raimondi
		lp: emi SLS 5172/EX 749 3501/
		    1C165 03650-03652/
		    2C167 03650-03652
		lp: angel 3885
		cd: emi CDS 749 3502/CMS 567 0572

la mer

london 20-22 july 1953	philharmonia	lp: columbia 33CX 1099 lp: columbia (france) 33FCX 298 lp: columbia (italy) 33QCX 10059 lp: angel 35081 lp: toshiba EAC 37020-37038 cd: emi CMS 763 4642

berlin
9-10
march
1964
	bpo	lp: dg LPM 18 923/SLPM 138 923/
		    2542 116/2543 058/2720 111
		cd: dg 423 2172/423 5552/
		    427 2502/447 4262

berlin
5-7
january
1977
	bpo	lp: emi ASD 3431/EG 29 08561/
		    1C065 02953/1C137 54360-54363/
		    2C167 54312-54314/2C069 02953
		lp: angel 37455
		cd: emi CDM 769 0072/CDM 764 3572/
		    CMS 764 5632

berlin february 1978	bpo	vhs video: dg 072 1383 laserdisc: dg 072 1381

la mer/concluded

salzburg 3 june 1979	bpo	unpublished radio broadcast
tokyo 2 november 1981	bpo	unpublished radio broadcast
osaka 19 october 1984	bpo	unpublished radio broadcast
tokyo 24 october 1984	bpo	unpublished radio broadcast
salzburg 28 august 1985	bpo	unpublished radio broadcast
berlin 29 november 1985- 21 february 1986	bpo	lp: dg 413 5891 cd: dg 413 5892/439 0082 laserdisc: sony SLV 53479
berlin 7 december 1985	bpo	unpublished radio broadcast

prélude a l'après-midi d'un faune

berlin
11 march
1964
	bpo	lp: dg LPM 18 923/SLPM 138 923/
		    2535 621/2542 116/2543 058/
		    2720 111/77 199
		cd: dg 423 2172/423 5552/427 2502

salzburg 27 march 1972	bpo	unpublished radio broadcast
lucerne 1 september 1975	bpo	unpublished radio broadcast
salzburg 27 august 1976	bpo	unpublished radio broadcast

berlin
5-7
january
1977
	bpo	lp: emi ASD 3431/EG 29 08561/
		    1C065 02953/2C069 02953/
		    2C167 54312-54314
		lp: angel 37455
		cd: emi CDM 769 0072/CDM 764 3572/
		    CMS 764 5632

berlin february 1978	bpo	vhs video: dg 072 1383 laserdisc: dg 072 1381

prélude a l'après-midi d'un faune/concluded

salzburg 3 june 1979	bpo	unpublished radio broadcast
tokyo 2 november 1981	bpo	unpublished radio broadcast
osaka 19 october 1984	bpo	unpublished radio broadcast
tokyo 24 october 1984	bpo	unpublished radio broadcast
salzburg 28 august 1985	bpo	unpublished radio broadcast
berlin 29 november 1985- 21 february 1986	bpo	lp: dg 413 5891 cd: dg 413 5892/439 0082 laserdisc: sony SLV 53479
berlin 7 december 1985	bpo	unpublished radio broadcast

LEO DELIBES (1836-1891)

coppélia, ballet suite

berlin	bpo	lp: dg LPEM 19 257/SLPEM 136 257/
25-28		2535 189/413 9811
april		cd: dg 437 4042/459 4452
1961		*excerpts*
		lp: dg 2535 621/2538 095
		cd: dg 423 2152/423 5552/429 1632

GAETONO DONIZETTI (1797-1848)

lucia di lammermoor

milan 18 january 1954	la scala orchestra and chorus callas villa di stefano modesti panerai	cd: legato SRO 831 *excerpts* lp: cetra ARK 5 lp: melodram MEL 078 lp: fonola ST 1010 lp: historical recording enterprises HRE 219 lp: dei della musica 13

berlin
29 september
1955
	rias orchestra
	la scala
	chorus
	callas
	villa
	di stefano
	zaccaria
	panerai
		lp: limited edition society LER 101
		lp: bjr records BJR 133
		lp: morgan MOR 5401
		lp: cetra LO 18/ARK 5
		lp: turnabout THS 65144-65145
		lp: replica ARPL 32495
		lp: paragon DSV 52004
		lp: rodolphe RPV 32667-32668
		lp: movimento musica 02.001
		cd: melodram MEL 26004
		cd: arkadia CD 502/CDHP 502
		cd: movimento musica 012.010
		cd: verona 2709-2710
		cd: virtuoso 269.7232
		cd: palette PAL 2009-2010
		cd: rodolphe RPL 32518/
		    RPV 32667-32668
		cd: emi CMS 763 6312/CMS 566 4412
		excerpts
		lp: limited edition society LER 100
		lp: rodolphe RP 12701
		lp: ricordi OCL 16331
		lp: joker SM 1298
		lp: gioielli della lirica GML 1
		lp: melodiya M10 44825 000
		lp: paragon DSV 52014
		cd: fabbri GSV 03
		cd: movimento musica 011.002
		cd: rodolphe RPC 32484-32487
		cd: foyer CDS 15002/CDS 15004
		cd: natise HVK 110
		cd: virtuoso 269.7112
		cd: cetra CDE 1027/CDS 51027
		cd: memories HR 4293-4294/
		    HR 4372-4373

ANTONIN DVORAK (1841-1904)

symphony no 8

vienna 29 september- 8 october 1961	vpo	lp: decca LXT 6169/SXL 6169/ 　　SDD 440/JB 71 lp: london (usa) CM 9443/CS 6443/ 　　JL 41043 cd: decca 417 7442/448 0422 *recording completed in october 1962 and september 1963*
tokyo 27 october 1973	bpo	unpublished radio broadcast *rehearsal fragment from third movement*
salzburg 15 august 1974	vpo	unpublished radio broadcast
berlin 2-3 january 1979	bpo	lp: emi ASD 3775/EG 29 10701/ 　　1C065 03627/2C069 03627 lp: angel 37686 cd: emi CMS 763 3212/CDM 764 3252
berlin 4 january 1979	bpo	unpublished radio broadcast
salzburg 10-16 april 1979	bpo	unpublished radio broadcasts *two separate performances*
tokyo 19 october 1979	bpo	unpublished radio broadcast
salzburg 15 august 1981	vpo	unpublished radio broadcast
vienna 13 january- 10 february 1985	vpo	lp: dg 415 9711 cd: dg 415 9712/431 0952 vhs video: sony SHV 48420 laserdisc: sony SLV 48420

symphony no 9 "from the new world"

berlin march 1940	bpo	78: grammophon 67519-67524 cd: dg 423 5282/423 5252 cd: mazur INF 982-984 cd: grammofono AB 78026-78031
berlin 28 november 1957- 7 january 1958	bpo	columbia unpublished

berlin
18-20
may
1958
	bpo	lp: columbia 33CX 1642/SAX 2272
		lp: columbia (france) 33FCX 814/
		    SAXF 144/CVB 814
		lp: columbia (italy) 33QCX 10348/
		    SAXQ 7263
		lp: columbia (germany) C 91003/C 91255/
		    STC91003/STC91255/33WCX 1642/
		    SAXW 2272/SHZE 160
		lp: angel 35615
		lp: emi ASD 2863/SLS 839/100 4911/
		    1C177 02348-02352/1C063 02348/
		    2C065 02348/2C059 02348/
		    3C063 00491/1C037 02940
		cd: emi CDZ 252 1342

berlin
4-5
march
1964
	bpo	lp:dg LPM18 922/SLPM 138 922/77 199/
		    2543 053/2720 112/2726 516
		cd: dg 423 2062/423 5552/429 4322/
		    429 6762/435 5902

berlin january- february 1966	bpo	vhs video: dg 072 1823 laserdisc: dg 072 1821
salzburg 15 august 1971	czech po	unpublished radio broadcast

symphony no 9/concluded

berlin 8 december 1974	bpo	unpublished radio broadcast

berlin
2-3
january
1977
	bpo	lp: emi ASD 3047/EG 29 10701/
		    1C065 02920/2C069 02920/
		    2C167 54312-54314
		lp: angel 37437
		cd: emi CDM 769 0052/CDM 764 3252/
		    CMS 764 5632

vienna 13 january- 10 february 1985	vpo	lp: dg 415 5091 cd: dg 415 5092/439 0092 vhs video: sony SHV 48421 laserdisc: sony SLV 48421 dvd: sony SVD 48421

cello concerto

berlin	bpo	lp: dg 139 044/2543 054/2720 112/
19-24	rostropovich	2726 519/2740 262
september		lp: supraphon 110 1396
1968		cd: dg 413 8192/447 4132

scherzo capriccioso

berlin	bpo	lp: dg 2530 244/2543 509
22-24		cd: dg 423 2202/423 5552/447 4342
september		
1971		

serenade for strings

berlin	bpo	lp: dg 2532 012
22-23		cd: dg 400 0382
september		
1980		

slavonic dances op 46 nos 1, 3 and 7

berlin	bpo	lp: dg LPM 18 610/SLPM 138 080/
4 september		2543 509/2726 516
1959		cd: dg 423 2062/423 5552/
		435 5902/447 4342

slavonic dance op 46 no 8

berlin	bpo	lp: emi ASD 3775/SXLP 30506/
2-3		1C065 03627/2C069 03627/
january		1C047 02381
1977		*issued on cd in japan only*

slavonic dances op 72 nos 10 and 16

berlin	bpo	lp: dg LPM 18610/SLPM 138 080/
4 september		2543 509/2726 516
1959		cd: dg 423 2062/423 5552/
		435 5902/447 4342

CESAR FRANCK (1822-1890)

symphony in d minor

paris
25-29
november
1969
	orchestre
	de paris
		lp: emi ASD 2552/EG 29 08531/
		    1C065 02034/2C069 02034/
		    3C065 02034
		lp: angel 36729/36905
		cd: emi CDM 769 0082/CDM 764 7472

variations symphoniques pour piano et orchestre

london 7 june 1951	philharmonia gieseking	78: columbia LX 8937-8938/ LCX 5000-5001 lp: columbia (usa) ML 4536/ML 4885 lp: toshiba EAC 37001-37018 lp: emi 1C047 01363M cd: emi CDM 566 5972 cd: philips 456 8112

berlin
21-27
september
1972
	bpo
	weissenberg
		lp: emi ASD 2872/EG 29 08531/
		    1C065 02374/2C069 02374/
		    3C065 02374
		lp: angel 36905
		cd: emi CDM 769 0082/CDM 769 3802/
		    CDM 764 7472

GIORGIO GHEDINI (1892-1965)

musica da camera per viola ed archi

rome 5 december 1953	rai roma orchestra giuranna	unpublished radio broadcast

UMBERTO GIORDANO (1867-1948)

fedora, intermezzo

berlin 22-25 september 1967	bpo	lp: dg 139 031/2726 512/415 8561 cd: dg 415 8562/419 2572

CHRISTOPH WILLIBALD GLUCK (1714-1787)

orfeo ed euridice

salzburg 5 august 1959	vpo vienna opera chorus simionato jurinac sciutti	lp: legendary LR 132 lp: replica RPL 2436-2437 cd: nuova era NE 2215-2216 cd: memories HR 4382-4383 cd: dg 439 1012 *excerpts* lp: longanesi GML 68 lp: melodram MEL 081 cd: memories HR 4386-4387

dance of the blessed spirits/orfeo ed euridice

berlin 28-30 september 1983	bpo	lp: dg 413 3091 cd: dg 413 3092/449 5152/463 2912

fragment from the ballet music/orfeo ed euridice

salzburg 28 july 1948	vpo vienna opera ballet	unpublished video recording *newsreel extract from rehearsal only*

CHARLES GOUNOD (1818-1893)

faust, ballet music

london 18 january 1958	philharmonia	lp: columbia 33CX 1588/SAX 2274 lp: columbia (france) 33FCX 789/ 　　SAXF 134 lp: columbia (italy) 33QCX 10326/ 　　SAXQ 7288 lp: columbia (germany) C 70484/ 　　STC 70484/SHZE 216 lp: angel 35607 lp: world records T 1044/ST 1044 lp: emi SLS 839/SXLP 30224/ 　　1C177 02348-02352/2C053 00724/ 　　3C065 00996/1C137 03059-03060/ 　　2C059 03054 cd: emi CDM 769 0412
berlin 23 january- 15 february 1971	bpo	lp: dg 2530 199/415 8561 cd: dg 437 4042/459 4452
berlin 1 january 1972	bpo	unpublished radio broadcast
berlin 29 december 1978- 3 january 1979	bpo	lp: emi ASD 3761/EG 29 10681/ 　　1C065 03626/2C069 03626 　　2C059 03054 cd: emi CDC 749 8952/CZS 569 4582/ 　　CDM 763 5272

waltz/faust

berlin   bpo   lp: dg 2530 199/415 8561
23 january-   cd: dg 415 8562/447 3372
15 february
1971

faust, excerpt (vous qui faites l'endormie)

london   philharmonia   cd: emi CDM 566 6032
28 november   christoff   *unpublished hmv 78 rpm recording*
1949

ENRIQUE GRANADOS (1867-1916)

goyescas, intermezzo

london
22 july
1954
	philharmonia	45: columbia SEL 1551
		45: columbia (italy) SEBQ 152
		lp: columbia 33CX 1265
		lp: columbia (france) 33FCX 407/
		    33FC 25106
		lp: columbia (italy) 33QCX 10150
		lp: columbia (germany) C 90435/
		    33WCX 1265
		lp: angel 35207
		lp: toshiba EAC 37020-37038

london
3-5
january
1959
	philharmonia	lp: columbia SAX 2294
		lp: columbia (france) 33FCX 830/
		    SAXF 142/CVD 2072
		lp: columbia (italy) 33QCX 10366/
		    SAXQ 7259
		lp: columbia (germany) STC 91065/
		    SAXW 2294
		lp: angel 35793
		lp: emi SLS 5019/1C181 25307-25311/
		    1C037 00422/1C053 00724
		cd: emi CDM 769 4672/CZS 252 1592
		cd: royal classics ROY 6475
		cd: disky HR 700 062

EDVARD GRIEG (1843-1907)

piano concerto

london
6-11
june
1951
	philharmonia
	gieseking
		78: columbia LX 1503-1506/
		    LX 8888-8891 auto
		lp: columbia 33C 1003
		lp: columbia (france) 33FCX 284/
		    33FC 1008/33FC 25075
		lp: columbia (italy) 33QC 1008
		lp: columbia (austria) 33VC 80
		lp: columbia (germany) C 70083/
		    33WC 1003
		lp: columbia (usa) ML 4331/ML 4885
		lp: toshiba EAC 37001-37018
		lp: emi 3C153 52425-52431M/
		    1C047 00770M/1C047 01363M
		cd: emi CDM 566 5972

berlin 27 september 1981	bpo	lp: dg 2532 043 cd: dg 410 0212/439 0152 *recording completed in january 1982*

peer gynt, suite no 1

vienna 5-22 september 1961	vpo	lp: decca LXT 5673/SXL 2308/JB 16/ 417 6981 lp: london (usa) CM 9420/CS 6420 cd: decca 417 7222/448 0422 *excerpts* 45: decca CEP 5521/SEC 5521 lp: london (usa) STS 15208 cd: decca 417 7882
berlin 22 september 1971	bpo	lp: dg 2530 243/2543 055/2720 112/ 410 9811/419 4741 cd: dg 419 4742/423 2082/423 5552 *excerpts* cd: dg 445 2882
berlin 27 january- 18 february 1982	bpo	lp: dg 2532 068 cd: dg 410 0262/439 0102 *excerpts* cd: dg 415 3402/419 7352/423 8032

peer gynt, suite no 2

berlin 22 september 1971	bpo	lp: dg 2530 243/2543 055/2720 112/ 410 9811/419 4741 cd: dg 419 4742/423 2082/423 5552 *excerpts* cd: dg 445 2882
berlin 27 january- 18 february 1982	bpo	lp: dg 2532 068 cd: dg 410 0262/439 0102

ingrid's lament & solveig's song/peer gynt, suite no 2

vienna 5-22 september 1961	vpo	lp: decca LXT 5673/SXL 2308/JB 16/ 417 6981 lp: london (usa) CM 9420/CS 6420 cd: decca 417 7222/448 0422 *excerpts* 45: decca CEP 5521/SEC 5521 lp: london (usa) STS 15208 cd: decca 417 7882

holberg suite

berlin 28 january- 24 february 1981	bpo	lp: dg 2532 031/419 4741 cd: dg 400 0342/419 4742/ 427 8082/439 0102

sigurd jorsalfar, suite

berlin 22 september 1971	bpo	lp: dg 2530 243/2543 055/2720 112 cd: dg 419 4742

GEORGE FRIDERIC HANDEL (1685-1759)

water music, suite arranged by harty

london 30 november- 1 december 1951	philharmonia	columbia unpublished
london 26-31 april 1952	philharmonia	78: columbia LX 8945-8946 lp: columbia 33CX 1033 lp: columbia (france) 33FCX 164 lp: columbia (italy) 33QCX 164 lp: angel 35004 lp: toshiba EAC 37001-37019 cd: emi CMS 763 4642 *recording completed in july 1952*

berlin
30-31
december
1959
	bpo	lp: columbia 33CX 1741/SAX 2389
		lp: columbia (france) 33FCX 887/
		  SAXF 206/CVD 2076
		lp: columbia (italy) 33QCX 10416/
		  SAXQ 7316
		lp: angel 35948
		lp: emi SLS 839/SXLP 30161/
		  1C177 02348-02352/1C047 02350/
		  2C053 00723/3C053 00520
		cd: emi CDM 769 4652/CZS 252 1592
		cd: royal classics ROY 6473
		cd: disky HR 700 062
		also an unofficial lp issue by longanesi

concerto grosso op 6 no 1

st moritz 21-22 august 1968	bpo	lp: dg 139 042/2726 068 cd: dg 435 0412

concerto grosso op 6 no 2

st moritz 19-22 august 1967	bpo	lp: dg 139 035/2726 068 cd: dg 435 0412

concerto grosso op 6 no 3

st moritz	bpo	lp: dg 139 036/2535 269/2543 021/
19-22		2720 111/2726 069
august		cd: dg 427 0492/435 0412
1967		

concerto grosso op 6 no 4

st moritz	bpo	lp: dg 139 035/2535 269/2543 021/
19-22		2720 111/2726 068
august		cd: dg 435 0412
1967		

concerto grosso op 6 no 5

st moritz	bpo	lp: dg LPM 39 012/SLPM 139 012/
17-23		2543 021/2720 111/2726 069/
august		2726 520/77 199
1966		cd: dg 435 0412

concerto grosso op 6 no 6

st moritz	bpo	lp: dg 139 035/2543 021/
19-22		2720 111/2726 068
august		cd: dg 435 0412
1967		

concerto grosso op 6 no 7

st moritz	bpo	lp: dg 139 036/2726 069
19-22		cd: dg 435 0412
august		
1967		

concerto grosso op 6 no 8

st moritz	bpo	lp: dg 139 042/2535 269/2726 068
21-22		cd: dg 435 0412
august		
1968		
berlin	bpo	unpublished radio broadcast
4 january		
1969		

concerto grosso op 6 no 9

st moritz 19-22 august 1967	bpo	lp: dg 139 036/2726 069 cd: dg 435 0412

concerto grosso op 6 no 10

st moritz 17-23 august 1966	bpo	lp: dg LPM 39 012/SLPM 139 012/ 2726 069 cd: dg 435 0412

concerto grosso op 6 no 11

st moritz 21-22 august 1968	bpo	lp: dg 139 042/2726 068 cd: dg 435 0412

concerto grosso op 6 no 12

vienna 17 november 1954	vso	cd: nuova era NE 2262-2263 cd: orfeo C275 921A
turin 21 december 1955	rai torino orchestra	unpublished radio broadcast
st moritz 17-23 august 1966	bpo	lp: dg LPM 39 012/SLPM 139 012/ 2726 069/2726 520 cd: dg 435 0412

giulio cesare, excerpt (v'adoro pupille)

berlin 18 september 1960	bpo price	lp: legendary LR 139

FRANZ JOSEF HAYDN (1732-1809)

symphony no 82 "l'ours"

berlin	bpo	lp: dg 2532 037/2543 028/2720 111/
15 june-		2741 005/2741 008
1 july		cd: dg 419 7412/445 5322
1980		*recording completed in september 1980*

symphony no 83 "la poule"

st moritz	bpo	lp: emi ASD 2817/1C065 02298/
20-23		2C069 02298/3C065 02298
august		lp: angel 36868
1971		cd: emi CDM 769 9612/CDM 566 0972

berlin	bpo	lp: dg 2532 037/2741 005/2741 008
15 june-		cd: dg 419 7412/445 5322
1 july		*recording completed in september 1980*
1980		

symphony no 84

berlin	bpo	lp: dg 2532 038/2741 005
15 june-		cd: dg 419 7412/445 5322
1 july		*recording completed in september 1980*
1980		

symphony no 85 "la reine"

berlin	bpo	lp: dg 2532 038/2543 028/
15 june-		2720 111/2741 005
1 july		cd: dg 419 7412/445 5322
1980		*recording completed in september 1980*

symphony no 86

berlin	bpo	lp: dg 2532 039/2741 005
15 june-		cd: dg 419 7412/445 5322
1 july		*recording completed in september 1980*
1980		

symphony no 87

berlin	bpo	lp: dg 2532 037/2741 005
15 june-		cd: dg 419 7412/445 5322
1 july		*recording completed in september 1980*
1980		

symphony no 93

berlin	bpo	lp: dg 2741 015/410 6491
september		cd: dg 427 8092/429 6582/429 6772
1981-		
february		
1982		

symphony no 94 "surprise"

berlin	bpo	lp: dg 2741 015/410 6491
september		cd: dg 410 8692/427 8092/429 6582/
1981-		429 6772/463 0832
february		
1982		

symphony no 95

berlin	bpo	lp: dg 2741 015/410 8671
september		cd: dg 429 6582/429 6772
1981-		
february		
1982		

symphony no 96 "miracle"

berlin	bpo	lp: dg 2741 015/410 8671
september		cd: dg 410 9752/429 6582/
1981-		429 6772/463 0832
february		
1982		

symphony no 97

berlin   bpo   lp: dg 2741 015/410 9571
september   cd: dg 429 6582/429 6772
1981-
february
1982

symphony no 98

berlin   bpo   lp: dg 2741 015/410 9571
september   cd: dg 429 6582/429 6772
1981-
february
1982

symphony no 99

berlin   bpo   lp: dg 2741 015/410 9581
september   cd: dg 429 6582/429 6772
1981-
february
1982

symphony no 100 "military"

berlin   bpo   lp: dg 2741 015/410 9581
september   cd: dg 410 9752/427 8092/
1981-   429 6582/429 6772
february
1982

symphony no 101 "clock"

st moritz 20-23 august 1971	bpo	lp: emi ASD 2817/1C065 02298/ 2C069 02298/3C065 02298 lp: angel 36868 cd: emi CDM 769 9612/CDM 566 0972
berlin september 1981- february 1982	bpo	lp: dg 2741 015/410 8681 cd: 410 8692/429 6582/429 6772

symphony no 102

berlin september 1981- february 1982	bpo	lp: dg 2741 015/410 8681 cd: dg 429 6582/429 6772

symphony no 103 "drum roll"

vienna 9-11 april 1963	vpo	lp:decca LXT 6067/SXL 6067/SDD 312/ SDD 362/VIV 55 lp: london (usa) CM 9369/CS 6369 cd: decca 448 0422/461 5062
berlin september 1981- february 1982	bpo	lp: dg 2741 015/410 5171 cd: dg 410 5172/429 6582/429 6772

symphony no 104 "london"

vienna
27-28
march
1959
	vpo	lp: victor LM 2535/LD 6407/LSC 2535/
		    LDS 6407/RB 16219/SB 2092
		lp: decca ADD 233/SDD 233/
		    SDD 362/VIV 55
		lp: london (usa) STS 15106
		cd: decca 448 0422/461 5062

berlin
january-
december
1975
	bpo	lp: emi ASD 3203/1C065 02643/
		    2C069 02643/3C065 02643
		lp: angel 37058
		cd: emi CDM 769 9612/CMS 764 5632/
		    CDM 566 0972

berlin 5 january 1975	bpo	unpublished radio broadcast
salzburg 29 july 1979	vpo	unpublished radio broadcast
salzburg 7 june 1981	bpo	unpublished radio broadcast
berlin september 1981- february 1982	bpo	lp: dg 2741 015/410 5171 cd: dg 410 5172/423 2102/423 5552/ 429 6582/423 6772/463 0832
berlin 27 february 1983	bpo	unpublished radio broadcast
berlin 22 february 1986	bpo	unpublished radio broadcast

die schoepfung

salzburg 29 august 1965	vpo wiener singverein janowitz wunderlich prey borg	cd: arkadia CDKAR 203 cd: bel canto BEL 6013 *excerpts* cd: bella voce 107.204
berlin 22-28 february 1966	bpo wiener singverein janowitz ludwig wunderlich krenn fischer-dieskau berry	lp: dg 643 515-643 516/2707 044/ 410 9511 cd: dg 435 0772/449 7612 *recording completed in september 1968*
salzburg 3 april 1969	bpo wiener singverein janowitz krenn prey berry	unpublished radio broadcast
salzburg 15 august 1977	vpo vienna opera concert chorus mathis schreier van dam	unpublished radio broadcast
salzburg 12 april 1981	bpo wiener singverein mathis araiza van dam	unpublished radio broadcast
salzburg 16-18 august 1982	vpo wiener singverein mathis murray araiza van dam	lp: dg 2741 017 cd: dg 410 7182 *excerpts* cd: dg 429 4892 *recording drawn from rehearsals which preceded public performance on 18 august and from that performance itself*

die jahreszeiten

berlin	bpo	lp: emi SLS 969/1C195 02383-02385/
november	deutsche oper	2C167 02383-02385/
1972	chorus	3C167 02383-02385
	janowitz	lp: angel 3792
	hollweg	cd: emi CMS 769 2242
	berry	*excerpts*
		lp: emi EG 29 05671/1C063 02567
		cd: emi CDM 769 0102/CZS 573 4922

PAUL HINDEMITH (1895-1963)

mathis der maler, symphony

vienna 13 february 1957	vso	cd: orfeo C232 901A *incorrectly dated 18 february 1957*

berlin
28 october-
29 november
1957
	bpo	lp: columbia 33CX 1783/SAX 2432
		lp: columbia (france) 33FCX 917/
		    SAXF 235
		lp: columbia (italy) 33QCX 10502
		lp: angel 35949
		lp: emi SXLP 30536/1C063 00547/
		    1C137 54360-54363
		cd: emi CDM 769 2422/CMS 566 1092

GUSTAV HOLST (1874-1934)

the planets

vienna
5-22
september
1961
	vpo	lp: decca LXT 5669/SXL 2305/
		    SDD 400/JB 30
		lp: london (usa) CM 9313/CS 6244/
		    JL 41005
		cd: decca 417 7092/448 0422/452 3032
		excerpts
		45: decca CEP 5518/SEC 5518

berlin 27-31 january 1981	bpo	lp: dg 2532 019 cd: dg 400 0282/435 2892/439 0112 *excerpts* cd: dg 415 3402/423 8032 *recording completed in february and march 1981*

ARTHUR HONEGGER (1892-1955)

symphony no 2

turin 27 february 1954	rai torino orchestra	unpublished radio broadcast
st moritz 8-11 august 1969	bpo	lp: dg 2530 068/2535 805 cd: dg 423 2422/447 4352
lucerne 31 august 1973	bpo	unpublished radio broadcast

symphony no 3 "liturgique"

vienna 17 november 1954	vso	unpublished radio broadcast
rome 15 december 1954	rai roma orchestra	unpublished radio broadcast
berlin 23 september 1969	bpo	lp: dg 2530 068/2535 805 cd: dg 423 2422/447 4352
berlin 10 october 1971	bpo	unpublished radio broadcast
lucerne 1 september 1973	bpo	unpublished radio broadcast
berlin 12 december 1984	bpo	unpublished radio broadcast

JOHANN NEPOMUK HUMMEL (1778-1837)

trumpet concerto in e flat, arranged by oubrados

berlin
28-29
may
1974
	bpo
	andré
		lp: emi ASD 3044/1C065 02544/
		    2C069 02544
		lp: angel 37063
		cd: emi CDC 749 2372/CDC 749 4742/
		    CDM 566 9092

ENGELBERT HUMPERDINCK (1854-1921)

haensel und gretel

london
27 june-
2 july
1953
	philharmonia
	loughton and
	bancrofts choirs
	schwarzkopf
	gruemmer
	felbermayer
	metternich
		lp: columbia 33CX 1096-1097
		lp: columbia (france) 33FCX 286-287
		lp: columbia (italy) 33QCX 10048-10049
		lp: columbia (germany) C 90327-90328/
		    33WCX 1096-1097
		lp: hmv (spain) LALP 207-208
		lp: angel 3506
		lp: world records OC 187-188
		lp: emi SLS 5145/EX 769 2931
		cd: emi CMS 763 2932/CMS 567 0612
		excerpts
		45: columbia SEL 1694
		lp: columbia 33CX 1819
		lp: columbia (germany) C 80528/
		    33WSX 545
		lp: world records OH 189
		cd: emi CDM 763 6572/CMS 763 7902

milan 6 february 1954	rai milano orchestra and chorus schwarzkopf jurinac streich panerai *sung in italian*	cd: datum DAT 12314 *excerpts* cd: legato LCD 197 *broadcast on 25 december 1954*

hänsel und gretel, overture

berlin
16 november
1980-
3 january
1981
	bpo	lp: emi ASD 4072/EG 29 10581/
		    1C065 03973/2C069 03973/
		    103 9731
		lp: angel 37810
		cd: emi CDM 769 0202/CDM 764 6292

CHARLES IVES (1874-1954)

the unanswered question

los angeles 2 july 1959	los angeles philharmonic	unpublished radio broadcast

ZOLTAN KODALY (1882-1967)

hary janos, intermezzo

london 24 july 1954	philharmonia	lp: columbia 33CX 1265 lp: columbia (france) 33FCX 407 lp: columbia (italy) 33QCX 10150 lp: columbia (germany) C 90435/ 33WCX 1265 lp: angel 35207 lp: toshiba EAC 37020-37038 cd: emi CMS 763 4642/CDM 566 5962
london 3-5 january 1959	philharmonia	columbia unpublished

psalmus hungaricus

turin 21 december 1955	rai torino orchestra and chorus haefliger	unpublished radio broadcast

FRANZ LEHAR (1870-1948)

die lustige witwe

berlin	bpo	lp: dg 2707 070/2725 102/
15-16	deutsche oper	2726 501/410 9211
february	chorus	cd: dg 435 7122
1972	harwood	*excerpts*
	stratas	lp: dg 2530 729
	kollo	cd: dg 415 5242
	hollweg	*recording completed in november 1972*
	grobe	
	kelemen	

KURT LEIMER (1922-1974)

piano concerto in c minor

london	philharmonia	lp: columbia (germany) C 90282/
11 november	leimer	33WCX 1508/SME 91793
1954		

piano concerto for the left hand

turin	rai torino	unpublished radio broadcast
24 april	orchestra	
1953	leimer	
london	philharmonia	lp: columbia (germany) C 90282/
11-12	leimer	33WCX 1508/SME 91793
november		
1954		

RUGGIERO LEONCAVALLO (1858-1919)

i pagliacci

milan
september-
october
1965
	la scala
	orchestra
	and chorus
	carlyle
	bergonzi
	taddei
	panerai
		lp: dg LPM 39 205-39 207/
		    SLPM 139 205-139 207/
		    2709 020/413 2751
		cd: dg 419 2572/449 7272
		excerpts
		lp: dg 136 281/2535 199

milan june 1968	la scala orchestra and chorus kabaiwanska vickers glossop panerai	vhs video: decca 071 4303

i pagliacci, intermezzo

london 22 july 1954	philharmonia	45: columbia SEL 1551 45: columbia (italy) SEBQ 152 lp: columbia 33CX 1265 lp: columbia (france) 33FCX 407 lp: columbia (italy) 33QCX 10150 lp: columbia (germany) C 90435/ 33WCX 1265 lp: angel 35207/3554 lp: toshiba EAC 37020-37038 cd: emi CDM 566 6032

london
2-3
january
1959
	philharmonia	lp: columbia SAX 2294
		lp: columbia (france) 33FCX 830/
		    SAXF 142/CVD 2072
		lp: columbia (italy) 33QCX 10366/
		    SAXQ 7259
		lp: columbia (germany) STC 91065/
		    SAXW 2294
		lp: angel 35793
		lp: emi SLS 5019/SXDW 3048/
		    1C181 25307-25311/1C037 00422/
		    1C053 00724
		cd: emi CDZ 762 8532

berlin 22-25 september 1967	bpo	lp: dg 139 031/2726 512
berlin 31 december 1985	bpo	vhs video: sony SHV 46402 laserdisc: sony SLV 46402

FRANZ LISZT (1811-1886)

tasso, lamento e trionfo

berlin 20 october- 13 november 1975	bpo	lp: dg 2530 698/2726 517/415 6281 cd: dg 415 9672/453 1302

les préludes

london
17 january
1958
	philharmonia	45: columbia (germany) C 50545/
		    SELW 1813
		lp: columbia 33CX 1548
		lp: columbia (france) CVD 2075
		lp: columbia (italy) 33QCX 10328
		lp: columbia (germany) C 90985/C 70426/
		    33WCX 1548/33WC 529
		lp: angel 35613
		lp: emi 1C063 00737/2C053 01414/
		    2C059 43355
		cd: emi CDM 769 2282/CDZ 762 8602
		cd: laserlight 16 206

berlin
14-17
april
1967
	bpo	lp: dg 139 037/2543 037/2720 111/
		    2726 517/643 212/415 6281
		cd: dg 415 9672/423 2202/423 5552/
		    427 2222/427 8082/447 4152/
		    453 1302

berlin 28 december 1983- 24 february 1984	bpo	lp: dg 413 5871 cd: dg 413 5872/445 5502

mazeppa

berlin
16-17
february
1961
	bpo	lp: dg LPM 18 692/SLPM 138 692/
		    2726 517/415 6281
		cd: dg 415 9672/445 2892/
		    447 5502/453 1302

mephisto waltz

berlin 22-24 september 1971	bpo	lp: dg 2530 244/2726 517/415 6281 cd: dg 415 9672/419 8622/447 3372

hungarian fantasy for piano and orchestra

berlin
12-13
december
1960
	bpo
	cherkassky
		lp: dg LPM 18 692/SLPM 138 692/
		    135 031
		cd: dg 415 9672/419 8622/
		    447 3372/453 1302

hungarian rhapsody no 2

london
10 january
1958
	philharmonia	45: columbia (italy) SCBQ 3054
		lp: columbia 33CX 1571/SAX 2302
		lp: columbia (france) 33FCX 824/
		    SAXF 160/CVD 2075
		lp: columbia (italy) 33QCX 10359/
		    SAXQ 7260
		lp: columbia (germany) C 70486/
		    STC 70486/SBOW 8518/SHZE 150
		lp: angel 35614/37231
		lp: emi SLS 5019/SXDW 3048/
		    1C181 25307-25311/143 5643/
		    1C137 03059-03060/2C053 01414
		cd: emi CDZ 762 8602
		cd: laserlight 16 206/24426

berlin
14-17
april
1967
	bpo	lp: dg 139 037/2535 253/2543 037/
		    2720 111/2726 517/643 212/415 6281
		cd: dg 415 9672/419 7352/423 2202/
		    423 5552/445 2892
		some issues incorrectly described as
		hungarian rhapsody no 4

berlin 31 december 1978	bpo	vhs video: dg 072 1833 laserdisc: dg 072 1831

hungarian rhapsody no 4

berlin
16-17
february
1961
	bpo	lp: dg LPM 18 692/SLPM 138 692/
		    135 031/415 6281
		cd: dg 419 8622/429 1562/
		    445 2892/447 4152
		some issues incorrectly described as
		hungarian rhapsody no 2

berlin 20 october- 13 november 1975	bpo	lp: dg 2530 698/2726 517 cd: dg 415 9672

hungarian rhapsody no 5

berlin 12-13 december 1960	bpo	lp: dg LPM18 692/SLPM138 692/135 031
berlin 20 october- 13 november 1975	bpo	lp: dg 2530 698/2726 517/415 6281 cd: dg 415 9672/419 8622/429 1562
berlin 28 december 1983- 24 february 1984	bpo	lp: dg 413 5871 cd: dg 413 5872
berlin 31 december 1985	bpo	vhs video: sony SHV 46402 laserdisc: sony SLV 46402

PIETRO LOCATELLI (1695-1764)

concerto grosso op 1 no 8 "christmas concerto"

st moritz	bpo	lp: dg 2530 070/2542 123/
19-23		415 0271/419 4131
august		cd: dg 419 4132/449 9242
1970		

GUSTAV MAHLER (1860-1911)

symphony no 4

berlin 22 january- 24 february 1979	bpo mathis	lp: dg 2531 205/2543 057/2720 112 cd: dg 415 3232/419 8632
berlin 26 january 1980	bpo mathis	unpublished radio broadcast
salzburg 2 april 1980	bpo mathis	unpublished radio broadcast

symphony no 5

berlin 13-16 february 1973	bpo	lp: dg 2707 081 cd: dg 415 0962/439 4292/447 4502
berlin 17 february 1973	bpo	unpublished radio broadcast
salzburg 28 august 1973	bpo	unpublished radio broadcast
vienna 22 june 1974	bpo	unpublished radio broadcast
salzburg 15 may 1978	bpo	unpublished radio broadcast

symphony no 6

berlin 20 january- 20 february 1975	bpo	lp: dg 2707 106 cd: dg 415 0992/457 7162 *recording completed in february and march 1977*
salzburg 3 april 1977	bpo	unpublished radio broadcast
paris 17 june 1977	bpo	unpublished radio broadcast
salzburg 27 august 1977	bpo	unpublished radio broadcast
salzburg 13 may 1978	bpo	unpublished radio broadcast

symphony no 9

berlin november 1979- september 1980	bpo	lp: dg 2707 125 cd: dg 439 6782/453 0402
salzburg 10 april 1982	bpo	unpublished radio broadcast *recording incomplete; also rehearsal extracts*
berlin 1 may 1982	bpo	unpublished radio broadcast *bpo centenary concert*
salzburg 27 august 1982	bpo	unpublished radio broadcast
berlin 30 september 1982	bpo	cd: dg 410 7262/439 0242

das lied von der erde

berlin bpo cd: arkadia CD 739
14 september ludwig
1970 spiess
  laubenthal

salzburg bpo unpublished radio broadcast
27 august ludwig
1972 kollo

berlin bpo lp: dg 2531 379/2707 082/419 0581
7-10 ludwig cd: dg 419 0582
december kollo
1973

berlin bpo unpublished radio broadcast
4 january baltsa
1978 winkler

salzburg bpo unpublished radio broadcast
14 may baltsa
1978 winkler

kindertotenlieder

berlin bpo lp: dg 2531 147/2707 081/419 4761
8-9 ludwig cd: dg 415 0962/439 6782/453 0402/
may   457 7162/459 3352
1974

rückert-lieder

berlin bpo lp: dg 2531 147/2707 082/419 4761
8-9 ludwig cd: dg 415 0992/439 6782/453 0402/
may   457 7162/459 3352
1974 *recording completed on 4 october 1974*

FRANCESCO MANFREDINI (1684-1762)

concerto grosso op 3 no 12 "christmas concerto"

st moritz 19-23 august 1970	bpo	lp: dg 2530 070/2542 123/415 0271/ 419 0461/419 4131 cd: dg 419 0462/419 4132/ 427 0492/449 9242

FRANK MARTIN (1890-1974)

études for string orchestra

berlin 18-20 may 1958	bpo	columbia unpublished

PIETRO MASCAGNI (1863-1945)

cavalleria rusticana

milan september-october 1965	la scala orchestra and chorus cossotto martino bergonzi guelfi	lp: dg LPM 39 205-39 207/ SLPM 139 205-139 207/2709 020/ 2726 512/413 2751 cd: dg 419 2572/457 7642 *excerpts* lp: dg 136 281/2535 199
milan 1970	la scala orchestra and chorus cossotto martino cecchele guelfi	cd: frequenz 011.044 vhs video: decca 071 4303

cavalleria rusticana, intermezzo

vienna 21 january 1949	vpo	78: columbia LX 1208 78: columbia (italy) GQX 11322 45: columbia SCB 109/SCD 2084 45: columbia (germany) SCBW 108 45: columbia (italy) SCBQ 3013 cd: emi CDM 566 3932/CMS 566 4832
london 24 july 1954	philharmonia	45: columbia SEL 1551 45: columbia (italy) SCBQ 3049 lp: columbia 33CX 1265 lp: columbia (france) 33FCX 407/ 33FC 25106 lp: columbia (italy) 33QC 10150 lp: columbia (germany) C 90435/ 33WCX 1265 lp: angel 35207/3554 lp: toshiba EAC 37020-37038 cd: emi CDM 566 6032
london 3-5 january 1959	philharmonia	columbia unpublished
berlin 22-25 september 1967	bpo	lp: dg 139 031/415 8561 cd: dg 415 0562

l'amico fritz, intermezzo

london 22 july 1954	philharmonia	45: columbia (italy) SCBQ 3049 lp: columbia 33CX 1265 lp: columbia (france) 33FCX 407 lp: columbia (italy) 33QCX 10150 lp: columbia (germany) C 90435/ 33WCX 1265 lp: angel 35207/3554 lp: toshiba EAC 37020-37038 cd: emi CDM 566 6032

london
2-3
january
1959
	philharmonia	lp: columbia SAX 2294
		lp: columbia (france) 33FCX 830/
		    SAXF 142
		lp: columbia (italy) 33QCX 10366/
		    SAXQ 7259
		lp: columbia (germany) STC 91065/
		    SAXW 2294
		lp: angel 35793
		lp: emi SLS 5019/1C037 00422/
		    1C181 25307-25311

berlin 22-25 september 1967	bpo	lp: dg 139 031/2726 512/415 8561 cd: dg 415 8562/419 2572
berlin 1 january 1972	bpo	unpublished radio broadcast
berlin 31 december 1978	bpo	vhs video: dg 072 1833 laserdisc: dg 072 1831

berlin
16 november
1980-
3 january
1981
	bpo	lp: emi ASD 4072/EG 29 10581/
		    1C065 03973/2C065 03973/
		    103 9731
		lp: angel 37810
		cd: emi CDM 769 0202/CDM 764 6292

JULES MASSENET (1842-1912)

thais, méditation

london
23 july
1954
	philharmonia
	marikian
		45: columbia SEL 1547/SCD 2242
		45:columbia(italy) SEBQ 149/SCBQ 3055
		lp: columbia 33CX 1265
		lp: columbia (france) 33FCX 407/
		    33FC 25106
		lp: columbia (italy) 33QCX 10150
		lp: columbia (germany) C 90435/
		    33WCX 1265
		lp: angel 35207/3554
		lp: toshiba EAC 37020-37038

berlin 22-23 september 1967	bpo schwalbé	lp: dg 139 031/2535 621/415 8561 cd: dg 415 8562/419 2572/445 2822/ 445 2882/449 7242
berlin 1 january 1972	bpo schwalbé	unpublished radio broadcast
paris 24 june 1978	bpo mutter	unpublished video recording

berlin
16 november
1980-
3 january
1981
	bpo
	mutter
		lp: emi ASD 4072/EG 29 10581/
		    1C065 03973/2C065 03973/
		    103 9731
		lp: angel 37810
		cd: emi CDM 769 0202/CDM 764 6292

FELIX MENDELSSOHN-BARTHOLDY (1809-1847)

symphony no 1

berlin 7-11 september 1972	bpo	lp: dg 2707 084/2720 068/ 2720 098/2720 104 cd: dg 429 6642/429 6772

symphony no 2 "lobgesang"

berlin 9 september 1972- 23 february 1973	bpo deutsche oper chorus mathis rebmann hollweg	lp: dg 2707 084/2720 068/ 2720 098/2720 104 cd: dg 429 6642/429 6772/431 4712

symphony no 3 "scotch"

berlin 7-8 january 1971	bpo	lp: dg 2530 126/2720 068/2720 098/ 2720 104/419 4771 cd: dg 419 4772/429 6642/ 429 6772/449 7432
berlin 7 november 1972	bpo	unpublished radio broadcast

symphony no 4 "italian"

berlin 2 january- 17 february 1971	bpo	lp: dg 2530 416/2543 035/2543 511/ 2720 068/2720 098/2720 104/ 2720 111/415 8481 cd: dg 415 8482/423 2092/423 5552/ 429 1582/429 4322/429 6642/ 429 6772/449 7432

symphony no 5 "reformation"

berlin 14-16 february 1972	bpo	lp: dg 2530 416/2543 035/2543 511/ 2720 068/2720 098/2720 104/ 2720 111 cd: dg 419 8702/429 6642/429 6772

violin concerto

berlin 26-28 september 1980	bpo mutter	lp: dg 2532 016/2543 024/2720 111/ 2740 282/2741 008 cd: dg 400 0312/415 5652/423 2112/ 423 5552/445 5152 *third movement* cd: dg 457 6892

the hebrides, overture

berlin 16-20 september 1960	bpo	lp: columbia 33CX 1791/SAX 2439 lp: columbia (netherlands) SGHX 10508 lp: columbia (france) CVD 2073 lp: angel 35950 lp: world records T 639/ST 639 lp: emi SXLP 30210/SXDW 3048/ EMX 41 20521/1C053 01143 cd: emi CDM 769 4662/CDM 764 6292/ CZS 252 1592/CZS 569 4582 cd: royal classics ROY 6474 cd: disky DCL 705872/HR 700 062
berlin 7-8 january 1971	bpo	lp: dg 2530 126/2535 253/ 2535 310/419 4771 cd: dg 419 4772/449 7432

CLAUDIO MONTEVERDI (1567-1643)

l'incoronazione di poppea, arranged by kraack

vienna	vpo	cd: dg 457 6742
1 april	vienna	
1963	opera chorus	
	jurinac	
	lilowa	
	janowitz	
	rössl-majdan	
	stolze	
	cava	

LEOPOLD MOZART (1719-1787)

cassation in g "kindersinfonie"

london	philharmonia	45: columbia (france) ESBF 17079
28 april		lp: columbia 33CX 1559/SAX 2375
1957		lp: columbia (france) 33FCX30531/ CVD2076
		lp: columbia (italy) 33QCX 10339
		lp:columbia(germany) C70391/33WC537/ SBOW 8504/STC70461/SMC 50600/ SMC 80975/SHZE 243
		lp: angel 35638
		lp:emi SLS839/SXLP30161/1C04702350/ 1C177 02348-02352/1C063 00737/ 1C063 01361/2C053 00723/ 3C053 00868/143 5643
		cd: emi CDM 769 2392/CDZ 252 1522
		cd: laserlight 24426

trumpet concerto in d, arranged by seiffert

berlin	bpo	lp: emi ASD 3044/1C065 02544/ 2C069 02544
28-29	andré	
may		lp: angel 37063
1974		cd: emi CDC 749 2372/CDC 749 4742/ CDM 566 9092

WOLFGANG AMADEUS MOZART (1756-1791)

symphony no 29

berlin
29 february-
1 march
1960
	bpo	lp: columbia 33CX 1703/SAX 2356
		lp: columbia (france) 33FCX 810/
		    SAXF 810
		lp: columbia (italy) 33QCX 10401/
		    SAXQ 7296
		lp: columbia (germany) C 91069/
		    STC 91069/33WCX 523/SAXW 2356
		lp: angel 35739/6062
		lp: world records T 1032/ST 1032
		lp: emi RLS 768/F669.711-F669.715/
		    1C037 00653/1C137 54095-54099/
		    1C053 00726/2C053 00726
		cd: emi CDF 300 0122/CDM 764 3272/
		    CDM 566 0982/CDZ 252 1462/
		    CMS 769 8822/CMS 566 1132

london 3 april 1965	vpo	unpublished radio broadcast
st moritz 19-23 august 1965	bpo	lp: dg LPM 39 002/SLPM 139 002/ 2535 155 cd: dg 429 6682/429 6772
belgrade 14 october 1972	bpo	unpublished radio broadcast
salzburg 27 august 1976	bpo	unpublished radio broadcast
salzburg 30 may 1982	bpo	cd: live classics best (japan) LCB 102
berlin february 1987	bpo	cd: dg 423 3742/431 2682/431 2922 *possibly also unpublished telemondial* *video recording*
berlin 1 march 1987	bpo	unpublished radio broadcast

symphony no 29/concluded

osaka 29 april 1988	bpo	unpublished radio broadcast
tokyo 2 may 1988	bpo	unpublished radio broadcast
salzburg 23 may 1988	bpo	unpublished radio broadcast

symphony no 32

berlin december 1975- october 1977	bpo	lp: dg 2531 136/2720 104/2740 189 cd: dg 429 6682/429 6772/429 8002/ 429 8042/435 0702

symphony no 33

vienna
18-23
october
1946
	vpo	78: columbia LX 1006-1008/
		    LX 8568-8570 auto
		78: columbia (france) LFX 781-783
		78: columbia (austria) LVX 84-86
		78: columbia (usa) M 778
		lp: columbia (france) 33FCX 145
		lp: columbia (italy) 33QCX 145
		lp: columbia (germany) C 90633
		lp: columbia (usa) ML 4370
		lp: toshiba EAC 30107
		cd: emi CMS 763 3262/CMS 566 4832/
		    CDM 566 3892
		cd: grammofono AB 78691
		cd: memoir classics CDMOIR 448

st moritz
19-23
august
1965
	bpo	lp: dg LPM 39 002/SLPM 139 002/
		    2535 155
		cd: dg 429 6682/429 6772/429 8002/
		    429 8042/435 0702

symphony no 35 "haffner"

turin october 1942	eiar turin orchestra	78: grammophon 67986-67988/ 69104-69106 auto 78: cetra RR 8035-8037 lp: decca (usa) DL 9513 cd: dg 423 5292/423 5252 cd: grammofono AB 78026-78031
london 25 november- 1 december 1952	philharmonia	columbia unpublished
london 6 november 1954	philharmonia	lp: columbia 33CX 1511 lp: columbia (germany) C 91304 lp: angel 35562 lp: toshiba EAC 37001-37019 cd: emi CMS 763 4562 *recording completed in may 1955*
washington 27 february 1955	bpo	lp: cetra LO 506 lp: maestri del secolo APE 1201 lp: movimento musica 01.003 lp: wg records WG 30004 lp: joker SM 1315 cd: joker 44122 cd: artemis 710.005 cd: virtuoso 269.7052 *also issued on cd by classical collection*

symphony no 35/concluded

salzburg 27 july 1957	bpo	cd: dg 453 1992
los angeles 2 july 1959	los angeles philharmonic	unpublished radio broadcast

berlin
21-25
september
1970
	bpo	lp:emi SLS 809/ASD 3016/EG 29 12901/
		    1C165 02145-02148/2C069 02145/
		    3C065 02145
		lp: angel 36770
		cd: emi CDM 769 0122/CMS 769 8822/
		    CDM 566 0982/CMS 566 1132

berlin december 1975- october 1977	bpo	lp: dg 2531 136/2720 104/2740 189 cd: dg 429 6682/429 6772/ 435 0702/453 0462

symphony no 36 "linz"

berlin
21-25
september
1970
	bpo	lp: emi SLS 809/ASD 2918/
		    1C165 02145-02148/2C069 02145/
		    3C065 02145
		lp: angel 36770
		cd: emi CMS 769 8822/CDM 566 0982/
		    CMS 566 1132

berlin
december
1975-
october
1977
	bpo	lp: dg 2531 136/2720 104/
		    2740 189/410 8401
		cd: dg 429 6682/429 6772/429 8002/
		    429 8042/435 0702/453 0462

symphony no 38 "prague"

vienna
16-17
september
1958
	philharmonia	lp: columbia 33CX 1703/SAX 2356
		lp: columbia (france) 33FCX 810/
		    SAXF 810
		lp: columbia (italy) 33QCX 10401/
		    SAXQ 7296
		lp: columbia (germany) C 91069/
		    STC 91069/33WCX 523/SAXW 2356
		lp: angel 35739
		lp: world records T 1032/ST 1032
		lp: emi 1C037 00635/1C137 54095-54099
		cd: emi CDZ 252 1462
		cd: testament SBT 2126

berlin
21-25
september
1970
	bpo	lp: emi SLS 809/ASD 2918/
		    1C165 02145-02148/2C069 02146/
		    3C065 02146
		lp: angel 36771
		cd: emi CMS 769 8822/CDM 566 0992/
		    CMS 566 1132

berlin
december
1975-
october
1977
	bpo	lp: dg 2531 137/2543 022/2720 104/
		    2720 111/2740 189/410 8401/
		    419 4781
		cd: dg 419 4782/429 6682/429 6772/
		    429 8002/429 8022/453 0462

symphony no 39

vienna 18-27 october 1949	vpo	78: columbia LX 1375-1377/ LX 8785-8787 auto 78: columbia (italy) GQX 11405-11407 78: columbia (germany) LWX 398-400 lp: columbia (france) 33FCX 145 lp: columbia (italy) 33QCX 145 lp: columbia (usa) RL 3068 lp: toshiba EAC 30107 cd: emi CDM 566 3882/CMS 566 4832 *recording completed on 10 november 1949*
rome 15 december 1954	rai roma orchestra	unpublished radio broadcast
london 10 july- 11 october 1955	philharmonia	lp: columbia 33CX 1361 lp: columbia (france) 33FCX 740 lp: columbia (italy) 33QCX 10526 lp: columbia (germany) C 90500/ C 90633/C 91304/33WCX 1361 lp: angel 35323/35739 lp: toshiba EAC 37001-37019 cd: emi CMS 763 4562
salzburg 28 january 1956	philharmonia	cd: internationale stiftung mozarteum ISM 56/4

berlin
21-25
september
1970
	bpo	lp: emi SLS 809/ASD 3016/SXLP 30527/
		    1C165 02145-02148/1C037 03722/
		    2C069 02146/3C065 02146
		lp: angel 36771
		cd: emi CMS 769 8822/CDM 566 0992/
		    CMS 566 1132
		rehearsal extracts
		lp: emi SLS 809/1C165 02145-02148
		cd: emi CDM 566 0992/CMS 566 1132

symphony no 39/concluded

lucerne 31 august 1972	bpo	unpublished radio broadcast
berlin december 1975- october 1977	bpo	lp: dg 2531 137/2543 022/2720 104/ 2720 111/2740 189/419 4781 cd: dg 419 4782/429 6682/429 6772/ 429 8002/429 8022/453 0462
salzburg 12 april 1976	bpo	unpublished radio broadcast
salzburg 28 may 1977	bpo	unpublished radio broadcast
berlin september 1987	bpo	cd: dg 423 3742/431 2682/431 2922
berlin 1 november 1987	bpo	unpublished radio broadcast
salzburg 28 march 1988	bpo	unpublished radio broadcast
tokyo 5 may 1988	bpo	unpublished radio broadcast

symphony no 40

turin october 1942	eiar turin orchestra	78: grammophon 67983-67985/ 69171-69173 auto cd: dg 423 5292/423 5252 cd: grammofono AB 78026-78031

vienna
23 march-
9 april
1959
	vpo	lp: victor LM 2535/LD 6407/LSC 2535/
		    LDS 6407/RB 16219/SB 2092
		lp: decca ADD 233/SDD 233/
		    SDD 361/VIV 6
		lp: london (usa) STS 15106
		cd: decca 417 6952/436 5192/
		    448 0422/455 4972

berlin
21-25
september
1970
	bpo	lp: emi SLS 809/ASD 2732/SXLP 30527/
		    1C165 02145-02148/1C037 03722/
		    2C069 02147/2C167 54312-54314/
		    3C065 02147/EG 29 12901
		lp: angel 36772
		cd: emi CDM 764 3272/CDM 769 0122/
		    CDM 566 1002/CMS 769 8822/
		    CMS 566 1132
		rehearsal extracts
		lp: emi SLS 809/1C165 02145-02148
		cd: emi CDM 566 1002/CMS 566 1132

berlin
december
1975-
october
1977
	bpo	lp: dg 2531 138/2543 023/2720 104/
		    2720 111/2740 189
		cd: dg 429 6682/429 6772/
		    435 5922/453 0462

symphony no 41 "jupiter"

turin october 1942	eiar turin orchestra	78: grammophon 67993-67996/ 69363-69366 auto cd: dg 423 5292/423 5252 cd: grammofono AB 78026-78031
turin 14 may 1948	rai torino orchestra	unpublished radio broadcast
turin 24 april 1953	rai torino orchestra	unpublished radio broadcast
london 25 august 1953	philharmonia	columbia unpublished *recording incomplete*
turin 19 february 1954	rai torino orchestra	unpublished radio broadcast
berlin 21 january 1956	bpo	lp: cetra LO 531 lp: maestri del secolo APE 1201 lp: movimento musica 01.003 lp: wg records WG 30004 lp: joker SM 1315 cd: joker 44122 cd: artemis 710.005 cd: natise HVK 105 cd: arkadia CDKAR 231 *also issued on cd by classical collection*
salzburg 27 july 1957	bpo	cd: dg 453 1992
new york 15 november 1958	new york philharmonic	unpublished radio broadcast

symphony no 41/concluded

vienna
16-17
october
1962
	vpo	lp:decca LXT 6067/SXL 6067/SDD 312/
		    SDD 361/VIV 6/417 6951
		lp: london (usa) CM 9369/CS 6369
		cd: decca 417 6952/436 5192/
		    448 0422/455 4972
		recording completed on 9-11 april 1963

berlin
21-25
september
1970
	bpo	lp:emi SLS 809/ASD 2732/EG 29 12901/
		    1C165 02145-02148/2C069 02147/
		    3C065 02147
		lp: angel 36772
		cd: emi CDM 769 0122/CDM 764 3272/
		    CDM 566 1002/CMS 769 8822/
		    CMS 764 5632/CMS 566 1132
		second movement
		cd: emi HVKBPO 1
		rehearsal extracts
		lp: emi SLS 809/1C165 02145-02148
		cd: emi CDM 566 1002/CMS 566 1132

berlin 8 september 1973	bpo	unpublished radio broadcast

berlin
december
1975-
october
1977
	bpo	lp: dg 2531 138/2543 023/2720 104/
		    2720 111/2740 189
		cd: dg 423 2102/423 5552/429 4322/
		    429 6682/429 6772/435 5922/
		    453 0462

berlin 31 december 1976	bpo	unpublished radio broadcast
salzburg 30 may 1977	bpo	unpublished radio broadcast
salzburg 12 august 1980	european youth orchestra	unpublished radio broadcast
berlin 30 april 1982	bpo	unpublished radio broadcast *bpo centenary concert*
vienna 24 may 1987	vpo	unpublished radio broadcast

piano concerto no 20

berlin 21 january 1956	bpo kempff	lp: cetra LO 531 lp: foyer FO 1034 lp: longanesi CGL 14 cd: natise HVK 105 cd: joker 44122 cd: arkadia CDKAR 231 cd: artemis 710.005
salzburg 28 january 1956	philharmonia haskil	cd: internationale stiftung mozarteum ISM 56/4

piano concerto no 21

lucerne
23 august
1950
	lucerne festival
	orchestra
	lipatti
		lp: columbia 33C 1064
		lp: columbia (italy) 33QC 5046
		lp: columbia (germany) C 80964/
		   C 60714/33WS 545
		lp: angel 35931
		lp: emi RLS 749/1C197 53780-53786M/
		   1C047 01469M/2C051 03713/
		   155 0963
		cd: emi CDH 769 7922/CZS 767 1632

salzburg 27 july 1957	bpo anda	cd: dg 453 1992
paris 24 june 1978	bpo weissenberg	unpublished video recording *karajan is soloist for second movement only*

piano concerto no 23

london
10 june
1951
	philharmonia
	gieseking
		78: columbia LX 1510-1513/
		    LX 8894-8897 auto
		lp: columbia 33C 1012
		lp: columbia (france) 33FCX 30003/
		    33FC 1013/33FC 25072
		lp: columbia (italy) 33QC 5009
		lp: columbia (germany) C 70087/
		    33WC 1012
		lp: columbia (usa) ML 4536/3216 0371
		lp: emi 3C153 52425-52431M
		lp: toshiba EAC 37001-37019
		cd: emi CHS 763 7092
		cd: philips 456 8112

rome 6 february 1952	rai roma orchestra meyer	unpublished radio broadcast

piano concerto no 24

london 25 august 1953	philharmonia gieseking	lp: columbia 33CX 1526 lp: columbia (france) 33FCX 30004/ 33FC 25117 lp: columbia (italy) 33QCX 10323 lp: columbia (germany) C 91396 lp: angel 35501 lp: emi 3C153 52425-52431M lp: toshiba EAC 37001-37019 cd: emi CHS 763 7092 cd: philips 456 8112

concerto for 3 pianos

london 4 june 1969	bpo eschenbach frantz karajan	cd: curcio-hunt CON 18
paris october 1971	orchestre de paris eschenbach frantz karajan	unpublished unitel video recording
salzburg 10 june 1973	bpo eschenbach frantz karajan	unpublished radio broadcast

bassoon concerto

st moritz
17-23
august
1971
	bpo
	piesk
		lp:emi SLS 817/ASD 2916/EG 29 12841/
		   1C165 02238-02240/2C069 02240/
		   3C065 02240
		lp: angel 3783
		cd: emi CDM 769 0142/CMS 763 4722/
		   CZS 568 7552

clarinet concerto

vienna 7-8 november 1949	vpo wlach	78: columbia (germany) LWX 445-448 78: columbia (italy) GQX 11484-11487 lp: toshiba EAC 30108 cd: emi CDH 764 2952/CDM 566 3882/ CHS 764 2942/CMS 566 4832
london 9-10 june 1955	philharmonia walton	lp: columbia 33CX 1361 lp: columbia (france) 33FCX 740 lp: columbia (italy) 33QCX 10256 lp: columbia (germany) C 90500/ 33WCX 1361 lp: angel 35323 lp: toshiba EAC 37001-37019 lp: emi XLP 60004 cd: emi CMS 763 3162 *excerpts* lp: columbia 33SX 1394

st moritz
17-23
august
1971
	bpo
	leister
		lp:emi SLS 817/ASD 2916/EG 29 12841/
		   1C165 02238-02240/2C069 02240/
		   3C065 02240
		lp: angel 3783
		cd: emi CDM 769 0142/CMS 763 4722/
		   CZS 568 7552

violin concerto no 3

salzburg 29 may 1977	bpo mutter	unpublished radio broadcast
berlin 13-19 february 1978	bpo mutter	lp: dg 2531 049/410 9821 cd: dg 415 3272/415 5652/429 8002/ 429 8142/447 0702/457 7462
oxford 28 may 1981	bpo mutter	unpublished radio broadcast

violin concerto no 5

vienna january 1966	vso menuhin	vhs video: dg 072 1913 laserdisc: dg 072 1911
berlin september 1972	european youth orchestra oistrakh	lp: melodiya C10 17501-17504

berlin
13-19
february
1978
	bpo
	mutter
		lp: dg 2531 049/2543 024/
		    2720 111/410 9821
		cd: dg 415 3272/415 5652/423 2112/
		    423 5552/429 8002/429 8142/
		    457 7462/459 0422/459 0702

flute concerto no 1

st moritz
17-23
august
1971
	bpo
	blau
		lp:emi SLS 817/ASD 2993/EG 29 03041/
		    1C165 02238-02240/2C069 02238/
		    3C065 02238
		lp: angel 3783
		cd: emi CDM 769 1872/CMS 763 4722/
		    CZS 568 7552

flute and harp concerto

st moritz
17-23
august
1971
	bpo
	galway
	helmis
		lp:emi SLS 817/ASD 2993/EG 29 03041/
		    1C165 02238-02240/2C069 02238/
		    3C065 02238
		lp: angel 3783
		cd: emi CDM 769 1872/CMS 763 4722/
		    CDM 764 4422/CZS 568 7552

oboe concerto

st moritz
17-23
august
1971
	bpo
	koch
		lp:emi SLS 817/ASD 3191/EG 29 12841/
		   1C165 02238-02240/2C069 02239/
		   3C065 02239
		lp: angel 3783
		cd: emi CDM 769 0142/CMS 763 4722/
		   CZS 568 7552

sinfonia concertante for wind

london
17-18
november
1953
	philharmonia
	sutcliffe
	james
	walton
	brain
		lp: columbia 33CX 1178
		lp: columbia (france) 33FCX 308
		lp: columbia (italy) 33QCX 10101
		lp: columbia (germany) C 90376/
		   33WCX 1178
		lp: angel 35098
		lp: toshiba EAC 37001-37019
		lp: emi XLP 60004/RLS 7715/
		   1C137 54364-54367M
		cd: emi CMS 763 3162
		excerpts
		lp: columbia 33SX 1394

salzburg 12 august 1970	bpo piesk koch leister seiffert	unpublished radio broadcast

st moritz
17-23
august
1971
	bpo
	steins
	braun
	staehr
	hauptmann
		lp: emi SLS 817/ASD 3191/
		   1C165 02238-02240/2C069 02239/
		   3C065 02239
		lp: angel 3783
		cd: emi CDM 763 4722/CDM 566 1012

berlin 16 october 1976	bpo steins braun leister seiffert	unpublished radio broadcast

horn concerto no 1

london
12-13
november
1953
	philharmonia
	brain
		lp: columbia 33CX 1140
		lp: columbia (france) 33FCX 251
		lp: columbia (italy) 33QCX 10100
		lp: columbia (germany) C 90354/
		    33WCX 1140
		lp: angel 35092
		lp: toshiba EAC 37001-37019
		lp: emi ASD 1140/1C063 00414/
		    2C051 00414/3C053 00414
		cd: emi CDH 761 0132/CDM 566 8982/
		    CDC 555 0872

st moritz 18-22 august 1968	bpo seifert	lp: dg 139 038/2543 025/2720 111/ 2726 522/419 0571 cd: dg 419 0572/429 8002/429 8172

horn concerto no 2

london
12 november
1953
	philharmonia
	brain
		lp: columbia 33CX 1140
		lp: columbia (france) 33FCX 251
		lp: columbia (italy) 33QCX 10100
		lp: columbia (germany) C 90354/
		    33WCX 1140
		lp: angel 35092
		lp: toshiba EAC 37001-37019
		lp: emi ASD 1140/1C063 00414/
		    2C051 00414/3C053 00414
		cd: emi CDH 761 0132/CDM 566 8982/
		    CDC 555 0872

st moritz 18-22 august 1968	bpo seifert	lp: dg 139 038/2543 025/ 2720 111/419 0571 cd: dg 419 0572/429 8002/429 8172

horn concerto no 3

london
12-13
november
1953
	philharmonia
	brain
		lp: columbia 33CX 1140
		lp: columbia (france) 33FCX 251
		lp: columbia (italy) 33QCX 10100
		lp: columbia (germany) C 90354/
		    33WCX 1140
		lp: angel 35092
		lp: toshiba EAC 37001-37019
		lp: emi ASD 1140/1C063 00414/
		    2C051 00414/3C053 00414
		cd: emi CDH 761 0132/CDM 566 8982/
		    CDC 555 0872

st moritz 18-22 august 1968	bpo seifert	lp: dg 139 038/2543 025/ 2720 111/419 0571 cd: dg 419 0572/429 8002/429 8172

horn concerto no 4

london
23 november
1953
	philharmonia
	brain
		lp: columbia 33CX 1140
		lp: columbia (france) 33FCX 251
		lp: columbia (italy) 33QCX 10100
		lp: columbia (germany) C 90354/
		    33WCX 1140
		lp: angel 35092
		lp: toshiba EAC 37001-37019
		lp: emi ASD 1140/1C053 00414/
		    2C051 00414/3C053 00414
		cd: emi CDH 761 0132/CDM 566 8982/
		    CDC 555 0872

st moritz 18-22 august 1968	bpo seifert	lp: dg 139 038/2543 025/2720 111/ 2726 522/419 0571 cd: dg 419 0572/429 8002/429 8172

string divertimento no 1

st moritz
17-19
august
1968
	bpo	lp: dg 139 033/2535 259/2543 026/
		    2720 111/2726 031/2726 528/
		    410 8411/419 3561
		cd: dg 423 2122/423 5552/
		    429 8002/429 8052

string divertimento no 2

st moritz 17-19 august 1968	bpo	lp: dg 139 033/2535 259/2543 026/ 2720 111/2726 031/2726 528/ 410 8411/419 3561 cd: dg 423 2122/423 5552/ 429 8002/429 8052

string divertimento no 3

st moritz 17-19 august 1968	bpo	lp: dg 139 033/2535 259/2543 026/ 2720 111/2726 031/2726 528 410 8411/419 3561 cd: dg 423 2122/423 5552/ 429 8002/429 8052

divertimento no 10

st moritz 21 august 1966	bpo	lp: dg LPM 39 013/SLPM 139 013/ 2726 031/419 3561 cd: dg 449 0492

divertimento no 11

st moritz 21 august 1966	bpo	lp: dg LPM 39 013/SLPM 139 013/ 2726 031/419 3561 cd: dg 449 0492

divertimento no 15

london 28 april- 2 may 1952	philharmonia	columbia unpublished
london 28-29 may 1955	philharmonia	lp: columbia 33CX 1511 lp: columbia (france) 33FCX 735 lp: angel 35562 lp: toshiba EAC 37001-37019 cd: emi CMS 763 4562

divertimento no 15/continued

st moritz 19-21 august 1965	bpo	lp: dg LPM 39 004/SLPM 139 004/ 2726 032/2726 528 cd: dg 449 0492
edinburgh 3 september 1967	bpo	unpublished radio broadcast
london 15 may 1972	bpo	unpublished radio broadcast
berlin 15 january 1974	bpo	unpublished radio broadcast
salzburg 9 april 1974	bpo	unpublished radio broadcast
salzburg 27 august 1979	bpo	unpublished radio broadcast

divertimento no 15/concluded

salzburg 23 may 1980	bpo	unpublished radio broadcast
osaka 18 october 1984	bpo	laserdisc: sony SLV 53484 *issued only in japan*
tokyo 21 october 1984	bpo	unpublished radio broadcast
paris 28 april 1985	bpo	unpublished radio broadcast
salzburg 18 may 1986	bpo	unpublished radio broadcast
lucerne 31 august 1986	bpo	unpublished radio broadcast
berlin september 1987	bpo	cd: dg 423 6102/431 2722/431 2922

divertimento no 17

st moritz 22-23 august 1965	bpo	lp: dg LPM 39 008/SLPM 139 008/ 2726 032 cd: dg 449 0492
berlin 1967	bpo	unpublished unitel video recording
salzburg 31 march 1969	bpo	unpublished radio broadcast
salzburg 27 august 1974	bpo	unpublished radio broadcast
salzburg 23 may 1980	bpo	unpublished radio broadcast
berlin april 1987	bpo	cd: dg 423 3752
berlin 1 may 1987	bpo	vhs video: sony SHV 46388 laserdisc: sony SLV 46388
paris 13 june 1987	bpo	unpublished radio broadcast
lucerne 31 august 1987	bpo	unpublished radio broadcast

adagio/divertimento no 17

vienna 18-23 october 1946	vpo	cd: emi CMS 763 3262/CDM 566 3912/ CMS 566 4832 *unpublished columbia 78rpm recording;* *recording completed on 13 december 1947*

menuetto 1/divertimento no 17

london 10 july 1955	philharmonia	columbia unpublished

serenade no 6 "serenata notturna"

st moritz 17-19 august 1968	bpo	lp: dg 139 033/2535 253/2535 259/ 2543 026/2720 111/2726 031/ 2726 528/410 8411/419 3561 cd: dg 423 2122/423 5552/ 429 8002/429 8052
berlin 28-30 september 1983	bpo	lp: dg 413 3091 cd: dg 413 3092/423 3752/ 431 2722/431 2922

serenade no 13 "eine kleine nachtmusik"

vienna 18-23 october 1946	vpo	78: columbia LX 1293-1294/ LCX 134-135 78: columbia (france) LFX 832-833 78: columbia (italy) GQX 11157-11158 78: columbia (switzerland) LZX 215-216 lp: columbia (usa) ML 4370 lp: toshiba EAC 30108 lp: emi 2C153 03200-03205M cd: emi CDM 566 3882/CMS 566 4832

london
18 november
1953
	philharmonia	45: columbia (germany) C 50543/
		   SELW 1812
		lp: columbia 33CX 1178
		lp: columbia (france) 33FCX 308/
		   33FC 25107
		lp: columbia (italy) 33QCX 10101
		lp: columbia (germany) C 90376/
		   C 70391/33WCX 1178/33WC 537
		lp: angel 35098
		lp: toshiba EAC 37001-37019
		cd: emi CMS 763 4562

eine kleine nachtmusik/concluded

berlin
30-31
december
1959
	bpo	lp: columbia 33CX 1741/SAX 2389
		lp: columbia (france) 33FCX 887/
		   SAXF 206/CVD 2076
		lp: columbia (italy) 33QCX 10416/
		   SAXQ 7316
		lp: columbia (germany) C 70461/
		   STC 70461/33WC 544/
		   SBOW 8504/SHZE 303
		lp: angel 35948
		lp: emi SLS 839/SXLP 30161/
		   1C177 02348-02352/1C047 02350/
		   1C063 00737/2C053 00723/
		   3C053 00520/143 5643
		cd: emi CDM 769 4652/CDZ 252 1522/
		   CMS 769 8822/CZS 252 1592/
		   CZS 569 4582
		cd: royal classics ROY 6473
		cd: disky DCL 705872/HR 700 062
		also an unofficial lp issue by longanesi

st moritz
19-21
august
1965
	bpo	lp: dg LPM 39 004/SLPM 139 004/
		   2535 259/2543 026/2720 111/
		   2726 032/2726 528/
		   77 199/410 8411
		cd: dg 423 2122/423 5552/429 1702/
		   429 8002/429 8052

berlin 28 january- 24 february 1981	bpo	lp: dg 2532 031 cd: dg 400 0342/423 6102/ 431 2722/431 2922 *first movement* cd: dg 423 8032

adagio and fugue in c minor

vienna 3-8 december 1947	vpo	78: columbia LX 1076 lp: columbia (usa) ML 4370 lp: toshiba EAC 30108 lp: emi RLS 7714/1C137 54370-54373M 2C153 03200-03205M cd: emi CDM 566 3912/CMS 566 4832 cd: grammofono AB 78770 cd: memoir classics CDMOIR 448
st moritz 17-24 august 1969	bpo	lp: dg 2530 066 cd: dg 449 5152/463 2912

maurerische trauermusik

vienna 11-13 december 1947	vpo	78: columbia LX 1155 78: columbia (france) LFX 950 78: columbia (usa) 72846D lp: columbia (usa) 3-288 lp: toshiba EAC 30108 lp: emi 2C153 03200-03205M cd: emi CDM 566 3902/CMS 763 3262/ CMS 566 4832 cd: memoir classics CDMOIR 448
salzburg 16 august 1981	vpo	unpublished radio broadcast *played in memory of karl böhm*

german dance no 5 "canary"/6 german dances k600

vienna 18-23 october 1946	vpo	cd: emi CMS 763 3262/CMS 566 4832/ CDM 566 3882 cd: grammofono AB 78691 *unpublished columbia 78 rpm recording*

berlin
9-11
november
1960
	bpo	lp: columbia 33CX 1741/SAX 2389
		lp: columbia (france) 33FCX 887/
		    SAXF 206/CVD 2076
		lp: columbia (italy) 33QCX 10416/
		    SAXQ 7316
		lp: columbia (germany) SHZE 303
		lp: angel 35948
		lp: emi 2C053 00723/3C053 00520
		cd: emi CMS 763 3262

german dance no 3 "hurdy-gurdy"/4 german dances k602

berlin
9-11
november
1960
	bpo	lp: columbia 33CX 1741/SAX 2389
		lp: columbia (france) 33FCX 887/
		    SAXF 206/CVD 2076
		lp: columbia (italy) 33QCX 10416/
		    SAXQ 7316
		lp: columbia (germany) SHZE 303
		lp: angel 35948
		lp: emi 2C053 00723/3C065 00520
		cd: emi CMS 763 3262

german dance no 3 "sleighride"/3 german dances k605

vienna 18-23 october 1946	vpo	cd: emi CMS 763 3262/CMS 566 4832/ CDM 566 3882 cd: grammofono AB 78691 *unpublished columbia 78 rpm recording*

berlin
9-11
november
1960
	bpo	lp: columbia 33CX 1741/SAX 2389
		lp: columbia (france) 33FCX 887/
		    SAXF 206/CVD 2076
		lp: columbia (italy) 33QCX 10416/
		    SAXQ 7316
		lp: columbia (germany) SHZE 303
		lp: angel 35948
		lp: emi SLS 839/SXLP 30161/
		    1C177 02348-02352/1C047 02350/
		    2C053 00723/3C053 00520
		cd: emi CDM 769 4652/CMS 769 8822/
		    CZS 252 1592
		cd: royal classics ROY 6473
		cd: disky HR 700 062

ave verum corpus

vienna
28 july
1955
	philharmonia
	wiener singverein
		lp: columbia 33CX 1741/SAX 2389
		lp: columbia (france) 33FCX 887/
		   SAXF 206
		lp: columbia (italy) 33QCX 10416/
		   SAXQ 7316
		lp: angel 35948
		lp:emi SLS 839/SXLP 30161/YKM 5002/
		   1C177 02348-02352/1C047 02350/
		   3C053 00520
		also an unofficial lp issue by longanesi

mass no 16 "coronation"

rome 20 may 1967	rai roma orchestra and chorus donath troyanos krenn crass	cd: arkadia CDKAR 203 *also unpublished video recording*
salzburg 30 july 1972	vpo vienna opera chorus mathis simon laubenthal van dam	unpublished radio broadcast
berlin 26-27 september 1975	bpo wiener singverein tomova-sintow baltsa krenn van dam	lp: dg 2530 704/2531 342 cd: dg 423 9132/429 8002/ 429 8202/453 0162
rome 29 june 1985	vpo wiener singverein battle schmidt winbergh furlanetto	lp: dg 419 0961 cd: dg 419 0962/429 9802/445 5432 vhs video: sony SHV 46382 laserdisc: sony SLV 46382 *performed in the framework of solemn* *high mass conducted by the pope: 429* *9802 and 445 5432 contain musical* *performance only*

mass no 18 "great"

berlin	bpo	lp: dg 2532 028
25-27	wiener singverein	cd: dg 400 0672/431 2872/
february	hendricks	431 2922/439 0122
1981	perry	
	schreier	
	luxon	

salzburg	bpo	unpublished radio broadcasts
4-9	wiener singverein	*two separate performances*
april	perry	
1982	borris	
	araiza	
	van dam	

mass no 19 "requiem"

salzburg	vpo	lp: historical recording enterprises
24 august	wiener singverein	HRE 317
1960	price	lp: movimento musica 01.023
	rössl-majdan	cd: priceless D 16573
	wunderlich	cd: claque GM 2003-2004
	wächter	cd: foyer CDS 16001
	berry	

berlin	bpo	lp: dg LPM 18 767/SLPM 138 767/
5-12	wiener singverein	2535 257
october	lipp	cd: 423 2132/423 5552/429 1602/
1961	rössl-majdan	439 4122/450 0272/457 9252
	dermota	
	berry	

vienna	vso	cd: melodram MEL 18003
2 november	wiener singverein	cd: arkadia CDKAR 202
1963	lipp	*MEL 18003 incorrectly described*
	rössl-majdan	*as salzburg 1960 performance*
	wunderlich	*listed above*
	engen	

mass no 19/concluded

salzburg 10 june 1973	bpo wiener singverein mathis ludwig laubenthal hendriks	unpublished radio broadcast
berlin 27-28 september 1975	bpo wiener singverein tomowa-sintov baltsa krenn van dam	lp: dg 2530 705 cd: dg 419 8672/429 8002/ 429 8212/459 4092
new york 15 november 1976	bpo wiener singverein tomowa-sintov baltsa krenn van dam	unpublished radio broadcast
salzburg 1 april 1980	bpo wiener singverein tomowa-sintov baltsa araiza moll	unpublished radio broadcast
salzburg 25 march 1986	bpo wiener singverein bandelli schmidt winbergh furlanetto	unpublished radio broadcast
vienna 26 may- 2 june 1986	vpo wiener singverein tomowa-sintov müller-molinari cole burchuladze	lp: dg 419 6101 cd: dg 419 6102/431 2882/ 431 2922/439 0232 vhs video: sony SHV 46384 laserdisc: sony SLV 46384

cosi fan tutte

london	philharmonia	lp: columbia 33CX 1262-1264
13-29	chorus	lp: columbia (france) 33FCX 484-486
july	schwarzkopf	lp: columbia (italy) 33QCX 10416-10418
1954	merriman	lp: columbia (germany) C 90432-90434/
	otto	33WCX 1262-1264
	simoneau	lp: angel 3522
	panerai	lp: world records SOC 195-197
	bruscantini	lp: emi RLS 7709/1C147 01748-01750M/
		1C197 54200-54208M/
		2C153 01748-01750/
		3C153 01748-01750
		cd: emi CHS 769 6352/CMS 567 0642
		excerpts
		lp: columbia (germany) C 80754/
		33WSX 557
		lp: world records OH 198
		lp: emi 1C063 00838
		cd: emi CDEMX 2211/CDM 763 6572/
		CMS 763 7902
		recording completed on 6 november 1954

die entführung aus dem serail, excerpt (martern aller arten)

vienna	vpo	lp: emi RLS 763/RLS 7714/154 6133/
18-23	schwarzkopf	1C137 54370-54373M/
october		1C151 43160-43163M
1946		cd: emi CDH 763 7082/CDM 566 3942/
1946		CMS 566 4832
		cd: notablu 935.0923
		unpublished columbia 78rpm recording

don giovanni

salzburg 3 august 1960	vpo vienna opera chorus schwarzkopf price sciutti valletti wächter berry panerai zaccaria	lp: historical recording enterprises HRE 274 lp: movimento musica 03.001 cd: movimento musica 013.012 cd: curzio OP 6/arkadia CDKAR 225 *excerpts* lp: foyer FO 1034 cd: orfeo C394 201B/C408 955R cd: gala GL 100.608 cd: rca/bmg 74321 619522
vienna 22 june 1963	vpo vienna opera güden price sciutti wunderlich wächter berry kreppel	cd: gala GL 100.608 cd: verona 27065-27067
salzburg 26 july 1968	vpo vienna opera chorus janowitz zylis-gara freni kraus ghiaurov evans talvela	cd: great operatic performances GOP 53 cd: paragon PCD 84009-84011 *excerpts* cd: orfeo C394 301B/C408 955R
salzburg 1 august 1969	vpo vienna opera chorus janowitz zylis-gara freni kraus ghiaurov evans halem	cd: memories HR 4362-4364 cd: arkadia CDKAR 202 cd: nuova era NE 2330-2332

don giovanni/concluded

salzburg 27 july 1970	vpo vienna opera chorus janowitz zylis-gara miljakovic burrows ghiaurov evans halem	cd: arkadia CDKAR 231
berlin january 1985	bpo deutsche oper chorus baltsa tomowa-sintov battle winbergh ramey furlanetto burchuladze	lp: dg 419 1791 cd: dg 419 1792 *excerpts* lp: dg 419 6351 cd: dg 419 6352/431 2892/431 2922
salzburg 26 july 1987	vpo vienna opera concert chorus varady tomowa-sintov battle winbergh ramey furlanetto burchuladze	vhs video: sony SHV 46383 laserdisc: sony S2LV 46383 *rehearsal extracts* vhs video: dg 072 1143 laserdisc: dg 072 1141
salzburg 6 august 1988	vpo vienna opera concert chorus varady tomowa-sintov battle aler ramey furlanetto burchuladze	unpublished radio broadcast

don giovanni, excerpt (crudele!...non mi dir)

vienna	vpo	78: hmv DB 7638
15-16	cebotari	45: hmv 7ER 5126
december		lp: electrola E 60050/WDLP 563
1947		lp: emi RLS 764/1C147 29118-29119M/
		1C137 43187-43189M
		lp: preiser PR 9860
		cd: preiser 90034
		cd: emi CDM 566 3932/CMS 566 4832
		cd: toshiba shinseido SGR 8244
		also a private lp issue by preiser;
		lp editions incorrectly named conductor
		as prohaska

don giovanni, excerpt (or sai chi l'onore)

vienna	vpo	lp: electrola E 60050/WDLP 563
15-16	cebotari	lp: emi RLS 764/1C147 29118-29119M/
december		1C137 43187-43189M
1947		lp: preiser PR 9860
		cd: preiser 90034/90345
		cd: emi CDM 566 3932/CMS 566 4832
		unpublished hmv 78rpm recording;
		lp editions incorrectly named conductor
		as prohaska
vienna	vpo	columbia unpublished
19 november	welitsch	
1948		

don giovanni, excerpt (batti batti!)

vienna	vpo	78: columbia LB 76
11-13	seefried	lp: emi RLS 764/EX 29 12363/
december		1C137 43187-43189M
1947		cd: emi CDM 566 3932/CMS 566 4832
		also a private lp issue by preiser

don giovanni, excerpt (la ci darem la mano)

vienna	vpo	lp: emi RLS 764/EX 29 12363/
9 december	seefried	1C137 43187-43189M
1947	kunz	cd: emi CDM 566 3932/CMS 566 4832
		cd: testament SBT 1059
		unpublished columbia 78 rpm recording;
		also a private lp issue by preiser
london	philharmonia	columbia unpublished
10 july	schwarzkopf	
1955	gobbi	

le nozze di figaro

vienna
17-21
june
1950
	vpo
	vienna opera
	chorus
	schwarzkopf
	seefried
	jurinac
	kunz
	london
		78: columbia (germany) LWX 410-425
		lp: columbia 33CX 1007-1009
		lp: columbia (france) 33FCX 174-176
		lp: columbia (italy) 33QCX 10002-10004
		lp: columbia (austria) 33VCX 503-505
		lp: columbia (germany) C 90292-90294/
		    33WCX 1007-1009
		lp: columbia (usa) SL 114
		lp: emi 1C147 01751-01753M/
		    2C165 01751-01753M/
		    1C197 54200-54208M
		cd: emi CMS 769 6392/CMS 567 0682
		excerpts
		78: columbia LX 1575
		lp: columbia 33CX 1558
		lp: columbia (france) 33FCX 30170
		lp:columbia (germany) C 80531/C 70373/
		    33WSX 548/33WC 518
		lp: columbia (usa) RL 3050
		lp: angel 35326
		lp: emi RLS 764/1C137 43187-43189M/
		    1C047 01444M/1C063 00839/
		    1C187 29225-29226M/EX 29 10563
		cd: emi CDH 763 5572/CDM 763 6572/
		    CMS 763 7902
		recording made without recitatives;
		recording completed 23-31 october 1950;
		excerpts also on private lp issue by preiser

milan 4 february 1954	la scala orchestra and chorus schwarzkopf seefried jurinac panerai petri	lp: cetra LO 70 cd: arkadia CDKAR 225 cd: melodram MEL 37075 *excerpts* lp: gioielli della lirica GML 30 lp: foyer FO 1034
salzburg 26 july 1972	vpo vienna opera chorus harwood mathis berganza berry krause	unpublished radio broadcast

le nozze di figaro/concluded

salzburg 28 july 1973	vpo vienna opera chorus harwood stratas berganza berry krause	unpublished radio broadcast
salzburg 31 july 1974	vpo vienna opera chorus harwood freni von stade van dam krause	lp: estro armonico EA 010
salzburg 30 july 1975	vpo vienna opera chorus harwood mathis von stade van dam krause	unpublished radio broadcast
vienna 10-14 may 1977	vpo vienna opera chorus tomowa-sintov cotrubas von stade van dam krause	unpublished radio broadcasts *two separate performances*
vienna 17-30 april 1978	vpo vienna opera chorus tomowa-sintov cotrubas von stade van dam krause	lp: decca D132 D4 lp: london (usa) OSA 1443 cd: decca 421 1252/455 0592 *excerpts* lp: decca SXL 6987 cd: decca 421 3112/421 3172/ 458 2252

208
le nozze di figaro, overture

vienna	vpo	78: columbia LX 1008/LX 8568
18-23		78: columbia (france) LFX 783
october		78: columbia (italy) GQX 11169
1946		78: columbia (austria) LVX 86
		78: columbia (usa) M 778
		lp: toshiba EAC 30107
		lp: emi RLS 7714/1C137 54370-54373M/ 2C153 93200-03205M
		cd: emi CDM 566 3882/CMS 566 4832
		cd: memoir classics CDMOIR 448

other versions of figaro overture included in the complete performances of the opera listed above

le nozze di figaro, miscellaneous fragments

milan	vpo	lp: melodram MEL 087/MEL 088/ MEL 089
28 december	schwarzkopf	
1948-	cebotari	cd: di stefano GDS 1206
2 january	seefried	*each issue contains different brief*
1949	jurinac	*excerpts from two separate performances;*
	taddei	*these were guest performances by wiener*
	höfermeyer	*staatsoper; GDS 1206 incorrectly described as a performance in salzburg in 1948*

le nozze di figaro, excerpt (se vuol ballare)

vienna 3-8 december 1947	vpo kunz	columbia unpublished

le nozze di figaro, excerpt (non piu andrai)

vienna   vpo   78: columbia LX 1123
3-8   kunz   45: columbia SEL 1574
december   lp: columbia (germany) C 70407
1947   lp: emi RLS 764/1C137 43187-43189M/
                                        1C147 03580-03581M
                               cd: emi CDM 566 3932/CMS 566 4832
                               cd: testament SBT 1059
                               cd: preiser 90345
                               also private lp issue by preiser

london   philharmonia   columbia unpublished
10 july   gobbi
1955

le nozze di figaro, excerpt (voi che sapete)

vienna   vpo   78: columbia LB 76
11-13   seefried   78: columbia (australia) LO 82
december   lp: emi RLS 764/1C137 43187-43189M/
1947   EX 29 12363
                               cd: emi CDM 566 3932/CMS 566 4832
                               also private lp issue by preiser

le nozze di figaro, excerpt (deh vieni, non tardar)

vienna   vpo   78: columbia LX 1145
11-13   seefried   lp: emi RLS 764/1C137 43187-43189M/
december   EX 29 12363
1947   cd: emi CDM 566 3932/CMS 566 4832
                               cd: preiser 90345
                               also private lp issue by preiser

die zauberflöte

vienna
2-21
november
1950
	vpo
	wiener singverein
	seefried
	lipp
	loose
	dermota
	kunz
	london
	weber
		78: columbia (germany) LWX 426-444
		lp: columbia 33CX 1013-1015
		lp: columbia (france) 33FCX 150-152
		lp: columbia (italy) 33QCX 150-152
		lp: columbia (austria) 33VCX 508-510
		lp: columbia (germany) C 90296-90298/
		   33WCX 1013-1015
		lp: columbia (usa) SL 115
		lp: emi SLS 5052/1C147 01663-01665M/
		   1C197 54200-54208M/
		   2C163 01663-01665/
		   3C153 01663-01665
		cd: emi CHS 769 6312/CMS 567 0712
		excerpts
		lp: columbia 33CX 1572
		lp: columbia (france) 33FCX 30172
		lp: columbia (germany) C 80532/
		   33WSX 549
		lp: emi RLS 764/1C137 43187-43189M/
		   EX 29 10563/1C147 03580-03581M/
		   1C187 29225-29226M
		lp: toshiba EAC 30112
		cd: emi CDM 763 5572/CDEMX 2220
		excerpts also issued on private lp by
		preiser

rome 20 december 1953	rai roma orchestra and chorus schwarzkopf streich noni gedda taddei petri clabassi *sung in italian*	cd: myto MCD 89007 *excerpts* lp: melodram MEL 087 cd: arkadia CD 535/CDHP 535 cd: gala GL 317

die zauberflöte/concluded

vienna	vpo	lp: movimento musica 03.015
30 may	vienna opera	*excerpts*
1962	chorus	lp: foyer FO 1034
	lipp	cd: natise HVK 110
	hallstein	cd: rca/bmg 74321 619522
	sciutti	*cd edition of complete opera announced*
	gedda	*by movimento musica but not actually*
	kunz	*published*
	wächter	
	frick	
salzburg	vpo	cd: arkadia CDKAR 233
26 july	vienna opera	
1974	chorus	
	mathis	
	gruberova	
	grist	
	kollo	
	prey	
	van dam	
	meven	
berlin	bpo	lp: dg 2741 001
20-28	deutsche oper	cd: dg 410 9672
january	chorus	*excerpts*
1980	mathis	lp: dg 2532 004
	ott	cd: dg 415 2872/431 2912/
	perry	431 2922/445 1952
	araiza	*recording completed in april 1980*
	hornik	
	van dam	
	nicolai	

die zauberflöte, overture

berlin	staatskapelle	78: grammophon 67465
9 december		78: decca LY 6145
1938		45: dg 2810 076
		cd: dg 423 5312/423 5252/457 6892
		cd: grammofono AB 78026-78031
		cd: mazur INF 982-984
		karajan's first gramophone recording

die zauberflöte, excerpt (bei männern, welche liebe fühlen)

vienna	vpo	cd: emi CDM 566 3942/CMS 566 4832
3-8	schwarzkopf	*unpublished columbia 78rpm recording*
december	kunz	
1947		

MODEST MUSSORGSKY (1839-1881)

boris godunov, arranged by rimsky-korsakov

salzburg 26 july 1965	vpo vienna opera and zagreb choruses jurinac usunow stolze ghiaurov ghiuselev	cd: arkadia CDKAR 210 *incorrectly dated 1964*
salzburg 13 august 1966	vpo vienna opera and zagreb jurinac maslennikov stolze ghiaurov kelemen	cd: nuova era NE 6351-6353 *excerpts* cd: melodram CDM 26531
vienna 2-20 november 1970	vpo vienna opera chorus vishnevskaya spiess maslennikov ghiaurov kelemen	lp: decca SET 514-517 lp: london (usa) OSA 1439 cd: decca 411 8622 *excerpts* lp: decca SET 557/SPA 296 lp: london (usa) OS 26300

boris godunov, excerpt (varlaam's song)

london 28 november 1949	philharmonia christoff	78: hmv DB 21097 78: victor M 1436 45: hmv (france) 7RF 166 45: victor EHA 11 lp: hmv BLP 1003 lp: electrola WBLP 1005 lp: emi RLS 735/1C147 03336-03337M cd: emi CDH 764 2522/CDM 566 6032

khovantschina, entr'acte

london 23 july 1954	philharmonia	45: columbia (italy) SEBQ 255 lp: columbia 33CX 1265 lp: columbia (france) 33FCX 407 lp: columbia (italy) 33QCX 10150 lp: columbia (germany) C 90435/ 33WCX 1265 lp: angel 35207 lp: toshiba EAC 37020-37038 cd: emi CDM 566 6032

london
3-5
january
1959
	philharmonia	lp: columbia SAX 2294
		lp: columbia (france) 33FCX 830/
		    SAXF 142
		lp: columbia (italy) 33QCX 10366/
		    SAXQ 7259
		lp: columbia (germany) STC 91065/
		    SAXW 2294
		lp: angel 35793
		lp: emi SXLP 30445/1C037 00422
		    1C053 03870
		cd: emi CDZ 762 8532

berlin 22-25 september 1967	bpo	lp: dg 139 031/415 4861 cd: dg 415 8562

khovantschina, dance of the persian slaves

london 8 november 1954	philharmonia	45: columbia (italy) SEBQ 255 lp: columbia 33CX 1327 lp: columbia (italy) 33QCX 10192 lp: columbia (germany) C 90484/ 33WCX 1327 lp: angel 35307 lp: toshiba EAC 37020-37038 cd: emi CDM 566 6032

london
23 september
1960
	philharmonia	lp: columbia 33CX 1774/SAX 2421
		lp: columbia (france) 33FCX 898/
		    SAXF 210/CVD 2071
		lp: columbia (italy) 33QCX 10192/
		    SAXQ 7344
		lp: angel 35925
		lp: emi SLS 839/EMX 41 26071/
		    SXLP 30200/SXLP 30445/
		    1C177 02348-02352/1C053 03870/
		    2C053 01413
		cd: emi CZS 568 5502

pictures at an exhibition, arranged by ravel

london
11-12
october
1955
	philharmonia	lp: columbia 33CX 1421/SAX 2261
		lp: columbia (france) 33FCX 518/
		    SAXF 131
		lp: columbia (italy) 33QCX 10266/
		    SAXQ 7271
		lp: columbia (germany) C 90532/
		    STC90532/33WCX 1421/SAXW 2261
		lp: angel 35430
		lp: emi SLS 5019/SXLP 30445*/*
		    1C181 25307-25311/1C037 01390/
		    2C053 01169
		cd: emi CDZ 762 8602
		cd: laserlight 16 206

berlin
4-9
november
1965
	bpo	lp: dg LPM 39 010/SLPM 139 010/
		    2543 047/2720 112/2726 514/
		    2740 261
		cd: dg 423 2142/423 5552/
		    429 1622/447 4262

berlin 16 february 1974	bpo	unpublished radio broadcast
paris 24 june 1978	bpo	unpublished video recording *finale only*
salzburg 10-16 april 1979	bpo	unpublished radio broadcasts *two separate performances*

pictures at an exhibition/concluded

tokyo 19 october 1979	bpo	unpublished radio broadcast
berlin 17-22 february 1986	bpo	lp: dg 413 5881 cd: dg 413 5882/439 0132 laserdisc: sony SLV 53480
berlin 22 february 1986	bpo	unpublished radio broadcast
salzburg 13 april 1987	bpo	unpublished radio broadcast
salzburg 28 august 1987	bpo	unpublished radio broadcast
cologne 5 november 1987	bpo	unpublished radio broadcast
osaka 30 april 1988	bpo	unpublished radio broadcast
tokyo 4 may 1988	bpo	unpublished radio broadcast

OTTO NICOLAI (1810-1849)

die lustigen weiber von windsor, overture

berlin
16-20
september
1960
	bpo	lp: columbia 33CX 1791/SAX 2439
		lp: columbia (germany) C 70497/
		    STC 70497/33WC 573/SBOW 8525
		lp: columbia (netherlands) SGHX 10508
		lp: angel 35950
		lp: world records T 639/ST 639
		lp: emi SXLP 30210/EMX 41 20521/
		    1C053 01143
		cd: emi CZS 569 4582

CARL NIELSEN (1865-1931)

symphony no 4 "inextinguishable"

berlin 21-23 february 1981	bpo	lp: dg 2532 029 cd: dg 413 3132/445 5182

JACQUES OFFENBACH (1819-1880)

les contes d'hoffmann, barcarolle

london
23 july
1954
	philharmonia	45: columbia SEL 1547/SCD 2130
		45: columbia(italy) SEBQ 149/SCBQ 3055
		lp: columbia 33CX 1265
		lp: columbia (france) 33FCX 407/
		    33FC 25106
		lp: columbia (italy) 33QCX 10150
		lp: columbia (germany) C 90435/
		    33WCX 1265
		lp: angel 35207
		lp: toshiba EAC 37020-37038
		cd: emi CDM 566 6032

london
6 january
1959
	philharmonia	lp: columbia SAX 2294
		lp: columbia (france) 33FCX 830/
		    SAXF 142/CVD 2072
		lp: columbia (italy) 33QCX 10366/
		    SAXQ 7297
		lp: columbia (germany) STC 91065/
		    SAXW 2294/SHZE 150
		lp: angel 35793
		lp: emi SLS 839/1C177 02348-02352/
		    1C053 00724/1C037 00422/
		    1C137 03059-03060/143 5643
		cd: emi CDM 769 4672/CZS 252 1592
		cd: royal classics ROY 6475
		cd: laserlight 24426
		cd: disky DCL 705 872/DCL 703 262/
		    HR 700 062

paris 24 june 1978	bpo	unpublished video recording
berlin 10-13 june 1980	bpo	lp: dg 2532 006/419 4691 cd: dg 400 0442/415 3402/ 423 8032/431 1602 *recording completed in september 1980*

barbe-bleue, overture

berlin bpo lp: dg 2532 006
10-13 cd: dg 400 0442
june *recording completed in september 1980*
1980

la belle hélène, overture

berlin bpo lp: dg 2532 006
10-13 cd: dg 400 0442
june *recording completed in september 1980*
1980

la grande duchesse de gérolstein, overture

berlin bpo lp: dg 2532 006
10-13 cd: dg 400 0442
june *recording completed in september 1980*
1980

vert-vert, overture

berlin bpo lp: dg 2532 006
10-13 cd: dg 400 0442
june *recording completed in september 1980*
1980

orfée aux enfers, overture

london
8 july
1955
	philharmonia	lp: columbia 33CX 1335
		lp: columbia (france) 33FCX 512/
		    33FCX 30103
		lp: columbia (italy) 33QCX 10198
		lp: columbia (germany) C 80464/
		    33WSX 528
		lp: angel 35327
		lp: toshiba EAC 37020-37038
		cd: emi CDM 566 6032

london
23 september
1960
	philharmonia	lp: columbia 33CX 1758/SAX 2404
		lp: columbia (france) 33FCX 894/
		    SAXF 216/CVD 2073
		lp: angel 35926
		lp: emi SLS 839/CFP 40368/
		    1C177 02348-02352/143 5643/
		    1C037 00765/2C053 00703
		cd: emi CDM 769 4662/CZS 252 1592
		cd: royal classics ROY 6474
		cd: laserlight 24426
		cd: disky DCL 703 332/HR 700 062

berlin 10-13 june 1980	bpo	lp: dg 2532 006/419 4691 cd: dg 400 0442/415 3402/ 431 1602/445 2862 *recording completed in september 1980*

gaité parisienne, ballet suite arranged by rosenthal

london
13-18
january
1958
	philharmonia	lp: columbia 33CX 1588/SAX 2274
		lp: columbia (france) 33FCX 789/
		    SAXF 134
		lp: columbia (italy) 33QCX 10326/
		    SAXQ 7286
		lp: angel 35607
		lp: world records T 1084/ST 1084
		lp: emi SLS 5019/SXLP 30224/
		    1C181 25307-25311/2C059 03054
		cd: emi CDM 769 0412
		excerpts
		45: columbia SEL 1634/ESL 6261
		45: columbia (italy) SEDQ 681
		45: columbia (germany) C 41132/
		    SEGW 7909

berlin 23 january- 15 february 1971	bpo	lp: dg 2530 199/413 9831 cd: dg 423 2152/423 5552/429 1632/ 437 4042/459 4452

CARL ORFF (1895-1982)

de temporum fine comoedia

leverkusen 16-21 july 1973	wdr orchestra wdr and rias choirs ludwig schreier greindl	lp: dg 2530 432 cd: dg 429 8592
salzburg 20 august 1973	wdr orchestra wdr and rias choirs ludwig schreier greindl	unpublished radio broadcast

JOHANN PACHELBEL (1653-1706)

canon and fugue in d, arranged by seiffert

st moritz 5-7 august 1969	bpo	lp: dg 2530 247/415 2011/ 419 0461/419 4881 cd: dg 419 0462/427 0492
berlin 28-30 september 1983	bpo	lp: dg 413 3091 cd: dg 413 3092/423 8032/445 2822

KRZYSZTOF PENDERECKI (born 1933)

capriccio for violin and orchestra

berlin 16 february 1974	bpo spierer	unpublished radio broadcast

de natura sonoris 1

berlin 31 december 1969	bpo	unpublished radio broadcast

polymorphia

berlin 29 january 1968	bpo	cd: foyer 1CF-2038

ILDEBRANDO PIZZETTI (1880-1968)

assassino nelle cattedrale

vienna 9 march 1960	vpo vienna opera chorus zadek ludwig dermota stolze hotter schöffler *sung in german*	cd: dg 457 6712

preludio a un altro giorno

rome 6 december 1952	rai roma orchestra	unpublished radio broadcast

AMILCARE PONCHIELLI (1834-1886)

dance of the hours/la gioconda

london 6 november 1954	philharmonia	45: columbia SCD 2171 45: columbia (italy) SEBQ 256 lp: columbia 33CX 1327 lp: columbia (france) 33FC 25106 lp: columbia (italy) 33QCX 10152 lp: columbia (germany) C 90484/ 33WCX 1327 lp: angel 35307 lp: toshiba EAC 37020-37038 cd: emi CDM 566 6032

london
22-23
september
1960
	philharmonia	lp: columbia 33CX 1774/SAX 2421
		lp: columbia (france) 33FCX 898/
		    SAXF 210/CVD 2072
		lp: columbia (italy) 33QCX 10192/
		    SAXQ 7344
		lp: columbia (germany) SHZE 216
		lp: angel 35925/37250
		lp: emi SLS 5019/1C181 25307-25311/
		    1C137 03059-03060/2C053 00724
		cd: emi CDM 769 0412

berlin 29 december- 1970- 6 january 1971	bpo	lp: dg 2530 200/415 8561 cd: dg 415 8562/445 2882/459 4452

SERGEY PROKOFIEV (1891-1953)

peter and the wolf

london
22 december
1956
	philharmonia	lp: columbia 33CX 1559/SAX 2375
		lp: columbia (france) 33FCX 30531/
		    33FC 25108/SAXF 130531
		lp: columbia (italy) 33QCX 10339
		lp: columbia (germany) C 70081/
		    33WC 506/SHZE 243
		lp: angel 35638
		lp: emi 1C063 01361/2C053 01169/
		    3C053 00868
		cd: emi CDM 769 2392/CDZ 252 2012
		*recording completed on 28 april 1957;
		spoken narration in english (ustinov),
		french (hirsch), german (schneider and
		rothenberger) and italian (carraro)
		superimposed at a later date; cd
		editions so far contain only the german
		and italian versions*

symphony no 1 "classical"

berlin 28 january- 24 february 1981	bpo	lp: dg 2532 031 cd: dg 400 0342/423 2162/ 423 5552/437 2532
berlin 3-4 december 1988	bpo	unpublished radio broadcast *two separate performances; final movement is encored in 3 december performance*
berlin 31 december 1988	bpo	vhs video: sony SHV 45986 laserdisc: sony SLV 45986
salzburg 26 march 1989	bpo	unpublished radio broadcast

symphony no 5

turin 21 december 1955	rai torino orchestra	unpublished radio broadcast
salzburg 16 august 1967	cleveland orchestra	unpublished radio broadcast
berlin 18-24 september 1968	bpo	lp: dg 139 040/410 9921 cd: dg 423 2162/423 5552/ 437 2532/463 6132
london 5 june 1969	bpo	unpublished radio broadcast
berlin 15 february 1980	bpo	unpublished radio broadcast
salzburg 24 may 1980	bpo	unpublished radio broadcast
lucerne 1 september 1980	bpo	unpublished radio broadcast

GIACOMO PUCCINI (1858-1924)

la bohème

milan 31 january 1963	la scala orchestra and chorus freni ratti raimondi maffeo panerai vinco	unpublished radio broadcast
vienna 9 november 1963	vpo vienna opera chorus freni güden raimondi taddei panerai vinco	lp: melodram MEL 414 lp: movimento musica 02.020 cd: melodram MEL 27007 cd: rodolophe RPC 32513 cd: curcio OP 1 cd: arkadia CDMP 477 cd: rca/bmg 74321 577362 *excerpts* cd: natise HVK 110 cd: arkadia CDKAR 206
moscow 26 september 1964	la scala orchestra and chorus freni vincenzi raimondi maffeo panerai vinco	cd: cetra CDE 1010 cd: legato LCD 147 *excerpts* lp: historical recording enterprises HRE 340 cd: melodram MEL 27007
milan april- may 1965	la scala orchestra and chorus freni martino raimondi maffeo panerai vinco	vhs video: dg 072 1053 laserdisc: dg 072 1051
berlin october 1972	bpo deutsche oper chorus freni harwood pavarotti maffeo panerai ghiaurov	lp: decca SET 565-566 lp: london (usa) OSA 1299 cd: decca 421 0492 *excerpts* lp: decca SET 579/SXL 6859 lp: london (usa) OS 26384 cd: decca 421 2452 *recording completed on 22 march 1973*

la bohème/concluded

salzburg 22 march 1975	bpo vienna opera chorus freni holm pavarotti maffeo panerai washington	unpublished radio broadcast
vienna 16 may 1977	vpo vienna opera chorus freni holm carreras maffeo panerai washington	unpublished radio broadcast
vienna 2-9 may 1978	vpo vienna opera freni holm carreras maffeo panerai washington	unpublished radio broadcasts *two separate performances*

la bohème, excerpt (si mi chiamano mimi)

vienna 6 november 1948	vpo schwarzkopf	lp: emi ALP 143 5501/154 6133 cd: emi CDM 763 5572/CDM 566 3932/ CMS 566 4832 *unpublished columbia 78 rpm recording*

la bohème, excerpt (donde lieta usci)

vienna 6 november 1948	vpo schwarzkopf	columbia unpublished

la bohème, excerpt (quando m'en vo)

vienna	vpo	78: columbia LB 82
19 november	welitsch	lp: emi HLM 7002/1C047 01267M
1948		lp: world records SH 289
		lp: angel 60202
		cd: polyhymnia 21212
		cd: melodram CD 1204 004
		cd: emi CDH 761 0072/CDM 566 3932/ CMS 566 4832
		melodram incorrectly dated 1952

gianni schicchi, excerpt (o mio babbino caro)

vienna	vpo	78: columbia LB 85
6 november	schwarzkopf	78: columbia (austria) LV 7
1948		78: columbia (poland) LM 4
		78: columbia (italy) GQ 7240
		45: columbia SEL 1575
		lp: toshiba EAC 30112
		lp: emi RLS 763/154 6133/ 1C151 43160-43163M
		cd: emi CDM 566 3932/CMS 566 4832

madama butterfly

milan	la scala	lp: columbia 33CX 1296-1298
1-6	orchestra	lp: columbia (france) 33FCX 472-474
august	and chorus	lp: columbia (italy) 33QCX 10156-10158
1955	callas	lp: columbia (germany) C 90462-90464/
	danieli	33WCX 1296-1298
	gedda	lp: angel 3523
	borriello	lp: emi SLS 5015/EX 29 12653/
		1C153 00424-00426/
		2C163 00424-00426/
		3C163 00424-00426
		cd: emi CDS 747 9598/CDS 556 2982
		excerpts
		45:columbia SEL1617/SEL1625/
		SEL 1629/SEL 1637/SEL 1641
		45: columbia (france) ESBF 17102
		45:columbia (italy)SCBQ 3027/ 3048/
		SEBQ 159/SEBQ 202
		45:columbia (germany) C 50154/C 50510/
		SELW 1546/SELW 1625
		lp: columbia 33CX 1787
		lp: columbia (france) 33FCX 30135
		lp: columbia (italy) 33QCX 10471
		lp:columbia(germany)C 80529/WSX 546
		lp: emi SLS 5104/EX 29 01983/
		3C063 00550
		cd: emi CMS 764 4182
vienna	vpo	lp: decca SET 584-586
28-31	vienna opera	lp: london (usa) OSA 1310
january	chorus	cd: decca 417 5772
1974	freni	*excerpts*
	ludwig	lp: decca SET 605
	pavarotti	lp: london (usa) OS 26455
	kerns	cd: decca 421 2472
salzburg	vpo	vhs video: decca 071 4043
november	vienna opera	
1974	chorus	
	freni	
	ludwig	
	domingo	
	kerns	

manon lescaut, intermezzo

vienna 8-12 december 1947	vpo	columbia unpublished
vienna 27 november 1948	vpo	78: columbia LX 1208 78: columbia (italy) GQX 11322 45: columbia SCB 109/SCD 2084 45: columbia (germany) SCBW 108 45: columbia (italy) SCBQ 3013 lp: toshiba EAC 30112 cd: emi CDM 566 3932/CMS 566 4832
london 22-24 july 1954	philharmonia	lp: columbia 33CX 1265 lp: columbia (france) 33FCX 407 lp: columbia (italy) 33QCX 10150 lp: columbia (germany) C 90435/ 33WCX 1265 lp: angel 35207 lp: toshiba EAC 37020-37038 cd: emi CDM 566 6032

london
3 january
1959
	philharmonia	lp: columbia SAX 2294
		lp: columbia (france) 33FCX 830/
		    SAXF 142
		lp: columbia (italy) 33QCX 10366/
		    SAXQ 7259
		lp: columbia (germany) STC 91065/
		    SAXW 2294
		lp: angel 35793
		lp: emi SLS 5019/1C181 25307-25311/
		    1C037 00422
		cd: emi CDM 769 4672/CZS 252 1592
		cd: royal classics ROY 6475
		cd: disky HR 700 062

berlin 22-25 september 1967	bpo	lp: dg 139 031 cd: dg 419 2572
berlin 1 january 1972	bpo	unpublished radio broadcast

manon lescaut intermezzo/concluded

berlin 16 november 1980- 3 january 1981	bpo	lp: emi ASD 4072/EG 29 10681/ 1C065 03973/2C069 03973/103 9731 lp: angel 37810 cd: emi CDM 769 0202/CDM 764 6292
berlin 31 december 1985	bpo	vhs video: sony SHV 46402 laserdisc: sony SLV 46402

suor angelica, intermezzo

berlin 22-25 september 1967	bpo	lp: dg 139 031/2726 512 cd: dg 419 2572
berlin 16 november 1980- 3 january 1981	bpo	lp: emi ASD 4072/EG 29 10681/ 1C065 03973/2C069 03973/103 9731 lp: angel 37810 cd: emi CDM 769 0202/CDM 764 6292

tosca

vienna 29 january 1962	vpo vienna opera chorus cavalli usunow protti	cd: arkadia CDKAR 206
vienna 16-30 september 1962	vpo vienna opera chorus price di stefano taddei	lp: victor LD 7022/RE 5507-5508/ LDS 7022/SER 5507-5508 lp: decca 5BB 123-124 lp: london (usa) OSA 1284 cd: decca 421 6702/452 6202/466 3842 *excerpts* lp: victor RB 6655/SB 6655 lp: decca GRV 10 cd: decca 440 4022/440 6542/452 7282
berlin 10-23 september 1979	bpo deutsche oper chorus ricciarelli carreras raimondi	lp: dg 2707 121 cd: dg 413 8152 *excerpts* lp: dg 2537 058 cd: dg 423 1132/457 9172
berlin 22 february 1982	bpo rias choir ricciarelli carreras raimondi	unpublished radio broadcast *this was a concert performance of the opera*
salzburg 26 march 1988	bpo vienna opera concert chorus izzo d'amico lima grundheber	unpublished radio broadcast
salzburg 24 march 1989	bpo vienna opera concert chorus barstow pavarotti fondary	unpublished radio broadcast

*excerpts from a vienna staatsoper performance of tosca with leontyne price and franco
corelli, published on lp by historical recording enterprises HRE 287 and described as
being conducted by karajan, must have been led by another conductor: karajan conducted
these two singers together only for the victor recording of bizet carmen listed previously*

turandot

vienna	vpo	lp: dg 2741 013
11-18	vienna opera	cd: dg 410 0962/423 8552
may	chorus	*excerpts*
1981	ricciarelli	lp: dg 410 6451
	hendricks	cd: dg 410 6452/435 4002/435 4092
	domingo	
	raimondi	

turandot, excerpt (tu che di gel sei cinta)

vienna	vpo	columbia unpublished
6 november	schwarzkopf	
1948		

SERGEY RACHMANINOV (1873-1943)

piano concerto no 2

turin 16 december 1955	rai torino orchestra yanagawa	unpublished radio broadcast
berlin 21-27 september 1972	bpo weissenberg	lp: emi ASD 2872/1C065 02374/ 2C069 02374/3C065 02374 lp: angel 36905 cd: emi CDM 769 3802
berlin 26 september 1973	bpo weissenberg	vhs video: dg 072 1043 laserdisc: dg 072 1041 *second movement* vhs video: dg 072 1963 laserdisc: dg 072 1961

MAURICE RAVEL (1875-1937)

boléro

berlin 14-19 march 1966	bpo	lp: dg LPM 39 010/SLPM 139 010/ 2542 116/2543 047/2720 111/ 2740 261/77 199/413 9831 cd: dg 423 2172/423 5552/427 2502/ 437 4042/447 4262
salzburg 24 march 1975	bpo	unpublished radio broadcast
lucerne 1 september 1975	bpo	unpublished radio broadcast
salzburg 27 august 1976	bpo	unpublished radio broadcast
berlin 5-7 january 1977	bpo	lp: emi ASD 3431/EG 29 08561/ 1C065 02953/2C069 02953/ 2C167 54312-54314 lp: angel 37455 cd: emi CDC 749 8952/CDM 769 0072 CDM 764 3572/CMS 764 5632/ CZS 569 4582/CDM 763 5272
salzburg 3 june 1979	bpo	unpublished radio broadcast
tokyo 2 november 1981	bpo	unpublished radio broadcast
salzburg 28 august 1985	bpo	unpublished radio broadcast
berlin december 1985	bpo	lp: dg 413 5881 cd: dg 413 5882/423 8032/439 0132
berlin 31 december 1985	bpo	vhs video: sony SHV 46402 laserdisc: sony SLV 46402

alborada del gracioso

paris
28-29
june
1971
	orchestre
	de paris
		lp: emi ASD 2766/SXLP 30446/
		  1C065 02214/2C069 02214/
		  3C065 02214/1C053 02214
		lp: angel 36839
		cd: emi CDM 763 5262/CDM 764 3572

daphnis et chloé, second suite

berlin 10-11 march 1964	bpo	lp: dg LPM 18 923/SLPM 138 923/ 2543 058/2720 112 cd: dg 423 2172/423 5552/427 2502
salzburg 27 march 1972	bpo	unpublished radio broadcast
berlin february 1978	bpo	vhs video: dg 072 1383 laserdisc: dg 072 1381
osaka 19 october 1984	bpo	unpublished radio broadcast
tokyo 24 october 1984	bpo	unpublished radio broadcast
berlin 29 november 1985- 21 february 1986	bpo	lp: dg 413 5891 cd: dg 413 5892/439 0082 laserdisc: sony SLV 53479
berlin 7 december 1985	bpo	unpublished radio broadcast

pavane pour une infante défunte

berlin 2 december 1985- 21 february 1986	bpo	lp: dg 413 5891 cd: dg 413 5892/439 0082/ 449 5152/463 2912
berlin 22 february 1986	bpo	unpublished radio broadcast

le tombeau de couperin

paris 28-29 june 1971	orchestre de paris	lp: emi ASD 2766/SXLP 30446/ 1C065 02214/1C053 02214/ 2C069 02214/3C065 02214 lp: angel 36839 cd: emi CDM 763 5262/CDM 764 3572

rapsodie espagnole

turin 14 may 1948	rai torino orchestra	unpublished radio broadcast
london 16-17 july 1953	philharmonia	lp: columbia 33CX 1099 lp: columbia (france) 33FCX 298 lp: columbia (italy) 33QCX 10097 lp: angel 35081 lp: toshiba EAC 37020-37038 cd: emi CMS 763 4642

paris
28-29
june
1971
	orchestre
	de paris
		lp: emi ASD 2766/SXLP 30446/
		   1C065 02214/1C053 02214/
		   2C069 02214/3C065 02214
		lp: angel 36839
		cd: emi CDM 763 5262/CDM 764 3572

tokyo 2 november 1981	bpo	unpublished radio broadcast
berlin february 1987	bpo	lp: dg 413 5881 cd: dg 413 5882/439 0132 *also unpublished telemondial video recording*

la valse

paris
28-29
june
1971
	orchestre
	de paris
		lp: emi ASD 2766/SXLP 30446/
		   1C065 02214/1C053 02214/
		   2C069 02214/3C065 02214
		lp: angel 36839
		cd: emi CDM 763 5262/CDM 764 3572

MAX REGER (1873-1916)

variations on a theme of mozart

berlin bpo columbia unpublished
6-7
january
1958

OTTORINO RESPIGHI (1879-1936)

fontane di roma

berlin 5-6 december 1977	bpo	lp: dg 2531 055 cd: dg 413 8222/ 449 7242 *recording completed in january- february 1978*

pini di roma

london
10-13
january
1958
	philharmonia	lp: columbia 33CX 1548
		lp: columbia (italy) 33QCX 10328
		lp: columbia (germany) C 90985/
		    33WCX 1548
		lp: angel 35613
		lp: emi SLS 5019/SXLP 30450/
		    1C181 25307-25311/1C053 03929
		cd: emi CDM 769 4662/CZS 252 1592
		cd: royal classics ROY 6474
		cd: disky HR 700 062

berlin 5-6 december 1977	bpo	lp: dg 2531 055 cd: dg 413 8222/ 449 7242 *recording completed in january- february 1978*
osaka 18 october 1984	bpo	laserdisc: sony SLV 53484 *issued only in japan*
tokyo 21 october 1984	bpo	unpublished radio broadcast

antiche danze ed arie, third suite

st moritz 5-7 august 1969	bpo	lp: dg 2530 247 cd: dg 413 8222/ 449 7242

EMIL VON REZNICEK (1860-1945)

donna diana, overture

vienna 8-12 december 1947	vpo	78: columbia LX 1402/LCX 145 78: columbia (france) LFX 1013 78: columbia (italy) GQX 11437 78: columbia (germany) LWX 403 45: columbia SCB 112/SCD 2075 45: columbia (italy) SCBQ 3017 45: columbia (germany) SCBW 107 lp: columbia (usa) ML 5141 lp: toshiba EAC 30111 lp: emi RLS 7714/1C137 54370-54373M cd: emi CDH 764 2992/CDM 566 3962/ CHS 764 2942/CMS 566 4832 cd: iron needle IN 1408
london 9 july 1955	philharmonia	columbia unpublished *recording probably incomplete*

NIKOLAI RIMSKY-KORSAKOV (1844-1908)

scheherazade

berlin 26-31 january 1967	bpo	lp: dg 139 022/2543 056/ 2720 112/419 0631 cd: dg 419 0632/463 6142

HILDING ROSENBERG (1892-1985)

concerto for strings

turin 12 february 1954	rai torino orchestra	unpublished radio broadcast

GIOACHINO ROSSINI (1792-1868)

string sonatas nos. 1, 2, 3 and 6

st moritz 17-21 august 1968	bpo	lp: dg 139 041/2535 187 cd: dg 429 5252/457 9142

il barbiere di siviglia, overture

london
29-30
march
1960
	philharmonia	45: columbia (germany) C 41336/
		   STC 41366/SEGW 7964/ESLW 7508
		lp: columbia 33CX 1729/SAX 2378
		lp:columbia(france)33FCX798/FC25507/
		   SAXF 132/SBOF 125507
		lp: columbia (italy) 33QCX 10412/
		   SAXQ 7309
		lp: angel 35890
		lp:emiSLS5019/SXDW3048/SXLP30203
		   1C181 25307-25311/1C063 00512/
		   2C053 00512/2C059 00512/
		   1C187 03059-03060
		cd: emi CDM 763 1132/CDM 763 5572

berlin
2-6
january
1971
	bpo	lp: dg 2530 144/2726 525
		cd: dg 415 3772/419 7352/423 2182/
		   423 5552/429 1642/431 1852/
		   439 4152/445 2862

la gazza ladra, overture

london
26 march
1960
	philharmonia	lp: columbia 33CX 1729/SAX 2378
		lp:columbia(france)33FCX798/FC 25507/
		   SAXF 132/SBOF 125507
		lp: columbia (italy) 33QCX 10412/
		   SAXQ 7309
		lp: angel 35890
		lp: emi SLS 5019/SXLP 30203/
		   1C181 25307-25311/1C063 00512/
		   2C053 00512/2C059 00512
		cd: emi CDM 763 1132

berlin
2-6
january
1971
	bpo	lp: dg 2530 144/2535 253/2726 525
		cd: dg 415 3772/423 2182/423 5552/
		   423 8032/429 1642/431 1852/
		   439 4152/445 2862

guillaume tell, overture

london
27-30
march
1960
	philharmonia	lp: columbia 33CX 1729/SAX 2378
		lp: columbia (france) 33FCX 798/
		    33FC 25507/SAXF 132/SBOF 125507
		lp: columbia (italy) 33QCX 10412/
		    SAXQ 7309
		lp: angel 35890/37321
		lp: emi SLS 839/SXLP 30203/
		    1C177 02348-02352/1C053 00512/
		    2C053 00512/2C059 00512
		cd: emi CDM 763 1132

berlin 2-6 january 1971	bpo	lp: dg 2530 144/2535 310/2726 525 cd: dg 415 3772/431 1852/439 4152
berlin 1975	bpo	laserdisc (japan) VHM 68107
berlin 28 december 1983- 24 february 1984	bpo	lp: dg 413 5871 cd: dg 413 5872/415 3402
berlin 31 december 1983	bpo	vhs video: sony SHV 46401 laserdisc: sony SLV 46401

ballet music/guillaume tell (passo a 3 e coro tirolese)

london
18 january
1958
	philharmonia	lp: columbia 33CX 1588/SAX 2274
		lp: columbia (france) 33FCX 789/
		    SAXF 134
		lp: columbia (italy) 33QCX 10326/
		    SAXQ 7286
		lp: angel 35607/37231
		lp: world records T 1084/ST 1084
		cd: emi CDM 763 1132

l'italiana in algeri, overture

london
29-30
march
1960
	philharmonia	lp: columbia 33CX 1729/SAX 2378
		lp: columbia (france) 33FCX 798/
		    SAXF 132
		lp: columbia (italy) 33QCX 10412/
		    SAXQ 7309
		lp: angel 35890
		lp: emi SXLP 30203/1C063 00512/
		    2C053 00512/2C059 00512
		cd: emi CDM 763 1132

berlin 2-6 january 1971	bpo	lp: dg 2530 144/2726 525 cd: dg 423 2182/423 5552/429 1642/ 431 1852/439 4152/445 2862

la scala di seta, overture

london
26-27
march
	philharmonia	45: columbia (germany) C 41136/
		    STC 41136/SEGW 7964/ESLW 7508
		lp: columbia 33CX 1729/SAX 2378
		lp: columbia (france) 33FCX 798/
		    SAXF 132
		lp: columbia (italy) 33QCX 10412/
		    SAXQ 7309
		lp: angel 35890
		lp: emi SXLP 30203/1C063 00512/
		    2C053 00512/2C059 00512
		cd: emi CDM 763 1132

berlin 2-6 january 1971	bpo	lp: dg 2530 144/2726 525 cd: dg 423 2182/423 5552/429 1642/ 431 1852/439 4152

semiramide, overture

turin october 1942	eiar turin orchestra	78: grammophon 68154-68155 cd: dg 423 5312/423 5252 cd: mazur INF 982-984 cd: grammofono AB 78026-78031 cd: sirio SO 53007

london
26 march
1960
	philharmonia	lp: columbia 33CX 1729/SAX 2378
		lp: columbia (france) 33FCX 798/
		    SAXF 132
		lp: columbia (italy) 33QCX 10412/
		    SAXQ 7309
		lp: angel 35890
		lp: emi SXLP 30203/1C065 00512/
		    2C053 00512/2C059 00512
		cd: emi CDM 763 1132

berlin 2-6 january 1971	bpo	lp: dg 2530 144/2726 525 cd: dg 415 3772/431 1852/439 4152
berlin 1 january 1972	bpo	unpublished radio broadcast

ALBERT ROUSSEL (1869-1937)

symphony no 4

london 28 november 1949	philharmonia	78: columbia LX 1348-1351/ LX 8763-8766 auto 78: columbia (france) LFX 976-979 lp: columbia (france) 33FCX 163 lp: columbia (italy) 33QCX 163 lp: toshiba EAC 37020-37038 lp: emi XLP 60003 cd: emi CMS 763 3162/CDM 566 5952

CAMILLE SAINT-SAENS (1835-1921)

symphony no 3 "organ symphony"

berlin 20-21 september 1981	bpo	lp: dg 2532 045 cd: dg 400 0632/439 0142

FRANZ SCHMIDT (1874-1939)

notre dame, intermezzo

london
6 january
1959
	philharmonia	lp: columbia SAX 2294
		lp: columbia (france) 33FCX 830/
		   SAXF 142
		lp: columbia (italy) 33QCX 10366/
		   SAXQ 7259
		lp: columbia (germany) STC 91065/
		   SAXW 2294
		lp: angel 35793
		lp: emi SLS 5019/1C037 00422/
		   1C181 25307-25311
		cd: emi CDZ 762 8532

berlin 22-25 september 1967	bpo	lp: dg 139 031/415 8561 cd: dg 415 8562/419 2572
berlin 16 november 1980- 3 january 1981	bpo	lp: emi ASD 4072/EG 29 10581/ 1C065 03973/2C069 03973 lp: angel 37810 cd: emi CDM 769 0202/CDM 764 6292

FLORENT SCHMITT (1870-1958)

psalm XLVI

turin 19 february 1954	rai torino orchestra and chorus micheau	unpublished radio broadcast

ARNOLD SCHOENBERG (1874-1951)

pelleas und melisande

berlin bpo lp: dg 2530 485/2711 014
december   cd: dg 423 1322/427 4242/457 7212
1972-
february
1974

berlin bpo unpublished radio broadcast
27 january
1974

berlin bpo unpublished radio broadcast
25 september
1974

variations for orchestra

berlin bpo cd: arkadia CD 587
2 february
1969

berlin bpo lp: dg 2530 627/2711 014
december   cd: dg 415 3262/427 4242/457 7602
1972-
february
1974

verklärte nacht, orchestral version

berlin december 1972- february 1974	bpo	lp: dg 2530 627/2543 510/2711 014 cd: dg 415 3262/427 4242/457 7212
berlin 6 september 1975	bpo	unpublished radio broadcast
new york 4 november 1976	bpo	unpublished radio broadcast
salzburg 13 april 1981	bpo	unpublished radio broadcast
lucerne 31 august 1988	bpo	unpublished radio broadcast
london 6 october 1988	bpo	unpublished radio broadcast *karajan's final london concert*

FRANZ SCHUBERT (1797-1828)

symphony no 1

berlin bpo lp: emi SLS 5127/1C157 03285-03289/
january   3C165 03285-03289
1978   lp: angel 3862
                  cd: emi CDM 566 1022/CMS 769 8842/
                  CMS 566 1142

symphony no 2

berlin bpo lp: emi SLS 5127/1C157 03285-03289/
january   3C165 03285-03289
1978   lp: angel 3862
                  cd: emi CDM 566 1022/CMS 769 8842/
                  CMS 566 1142

symphony no 3

berlin bpo lp: emi SLS 5127/1C157 03285-03289/
january   3C165 03285-03289
1978   lp: angel 3862
                  cd: emi CDM 566 1032/CMS 769 8842/
                  CMS 566 1142

symphony no 4 "tragic"

berlin bpo lp: emi SLS 5127/1C157 03285-03289/
january   3C165 03285-03289
1978   lp: angel 3862
                  cd: emi CDM 566 1032/CMS 769 8842/
                  CMS 566 1142

symphony no 5

berlin 18-20 may 1958	bpo	lp: emi 1C137 54360-54363 cd: emi CMS 763 3212

berlin
january
1978
	bpo	lp: emi SLS 5127/EG 29 05721/
		    1C157 03285-03289/
		    3C165 03285-03289
		lp: angel 3862
		cd: emi CDM 769 0162/CDM 566 1042/
		    CMS 769 8842/CMS 566 1142

symphony no 6

berlin
january
1978
	bpo	lp: emi SLS 5127/1C157 03285-03289/
		    3C165 03285-03289
		lp: angel 3862
		cd: emi CDM 566 1042/CMS 769 8842/
		    CMS 566 1142

symphony no 8 "unfinished"

london
18-19
may
1955
	philharmonia	lp: columbia 33CX 1349
		lp: columbia (france) 33FCX 594
		lp: columbia (italy) 33QCX 10281
		lp: columbia (germany) C 70390/
		    33WC 536
		lp: angel 35299
		lp: toshiba EAC 37001-37019
		lp: emi SXLP 30513/1C053 43052/
		    1C047 01441M/2C059 43355/
		    3C053 01574
		cd: emi CDM 769 2272

berlin 17 february 1957	bpo	unpublished radio broadcast
tokyo 6 november 1957	bpo	unpublished radio broadcast

berlin
27 october
1964
	bpo	lp: dg LPM 39 001/SLPEM 139 001/
		    2543 034/2720 111/2721 198/
		    77 199/413 9821/415 8481
		cd: dg 415 8482/423 2192/423 5552/
		    429 4322/429 6762
		*this recording was also published
		unofficially in a considerable number
		of lp and cd editions, mostly incorrectly
		dated june 1960*

salzburg 25 august 1968	vpo	cd: dg 439 1042
berlin 16 february 1974	bpo	unpublished radio broadcast

berlin
january
1975
	bpo	lp:emi ASD3203/SLS5127/EG 29 05721/
		    1C065 02643/2C069 02643/
		    3C065 02643/1C157 03285-03289/
		    3C165 03285-03289/
		    2C167 54312-54314
		lp: angel 37058/3862
		cd: emi CDM 769 0162/CDM 764 4422/
		    CDM 764 6282/CDM 566 1052/
		    CMS 769 8842/CMS 764 5632/
		    CMS 566 1142

symphony no 8/concluded

tokyo 18 october 1979	bpo	unpublished radio broadcast
berlin 31 december 1983	bpo	unpublished radio broadcast
berlin 25 january 1986	bpo	unpublished radio broadcast *furtwängler centenary concert*
salzburg 19 may 1986	bpo	unpublished radio broadcast
salzburg 14 april 1987	bpo	unpublished radio broadcast
salzburg 27 august 1987	bpo	unpublished radio broadcast
frankfurt 6 november 1987	bpo	unpublished radio broadcast
new york 28 february 1989	vpo	unpublished radio broadcast

symphony no 9 "great"

vienna
13-20
september
1946
	vpo	78: columbia LX 1138-1141/
		    LX 8644-8649 auto
		78: columbia (france) LFX 818-823
		78: columbia (italy) GQX 11130-11135/
		    GQX 11271-11276
		lp: columbia (usa) ML 4631
		lp: toshiba EAC 30104
		lp: emi 2C153 03200-03205M
		cd: emi CDM 566 3892/CMS 566 4832
		cd: grammofono AB 78770

berlin 26-30 september 1968	bpo	lp: dg 139 043/2535 290/2543 033/ 2720 111/410 9801 cd: dg 423 2192/423 5552/460 1082

berlin
january
1978
	bpo	lp: emi SLS 5127/EG 29 06121/
		    1C065 03289/2C069 03289/
		    1C157 03285-03289/
		    3C165 03285-03289
		lp: angel 3862
		cd: emi CDM 763 5292/CDM 566 1052/
		    CMS 764 6282/CMS 566 1142
		first movement
		cd: emi HVKBPO 1

rosamunde (die zauberharfe), overture

berlin
january
1978
	bpo	lp: emi SLS 5127/SXLP 30505/
		    1C047 02381/1C157 03285-03289/
		    3C165 03285-03289
		lp: angel 3862
		cd: emi CDM 566 1042/CMS 566 1142

rosamunde, ballet music no 1

berlin
january
1978
	bpo	lp: emi SLS 5127/1C157 03285-03289/
		    3C165 03285-03289
		lp: angel 3862
		cd: emi CDM 763 5292/CDM 566 1032/
		    CMS 566 1142

rosamunde, ballet music no 2

berlin
january
1978
	bpo	lp: emi SLS 5127/1C157 03285-03289/
		    3C165 03285-03289
		lp: angel 3862
		cd: emi CDM 763 5292/CDM 566 1032/
		    CMS 566 1142

ROBERT SCHUMANN (1810-1856)

symphony no 1 "spring"

berlin 4 january- 15 february 1971	bpo	lp: dg 2530 169/2720 046/2720 104/ 2740 129/419 0651 cd: dg 423 2092/423 5552/429 1582/ 429 4322/429 1582/ 429 6722/447 4082

symphony no 2

berlin 16-17 february 1971	bpo	lp: dg 2530 170/2720 046/ 2720 104/2740 129 cd: dg 429 6722/429 6772/431 0672

symphony no 3 "rhenish"

berlin 6-7 january 1971	bpo	lp: dg 2530 447/2720 046/ 2720 104/2740 129 cd: dg 419 8702/429 6722/429 6772

symphony no 4

berlin
25-26
april
1957
	bpo	lp: columbia 33C 1056
		lp: columbia (france) 33FC 1070
		lp: columbia (italy) 33QC 5043
		lp: columbia (germany) C 70080/
		   33WC 504
		lp: emi RLS 768/F669.711-669.715/
		   1C047 01441M/1C137 54095-54097
		cd: emi CDF 3000 122/CMS 763 3212

vienna november- december 1966	vso	vhs video: dg 072 1823 laserdisc: dg 072 1821 *rehearsal extracts* vhs video: dg 072 1913 laserdisc: dg 072 1911

berlin
4 january-
15 february
1971
	bpo	lp: dg 2530 169/2543 034/2720 046/
		   2720 104/2720 111/2740 129/
		   413 9821/419 0651
		cd: dg 429 6722/429 6772/445 7182

salzburg 13 august 1972	dresden staatskapelle	cd: dg 447 6662
salzburg 11 april 1976	bpo	unpublished radio broadcast
berlin 27 january 1979	bpo	unpublished radio broadcast
salzburg 25 may 1980	bpo	unpublished radio broadcast
vienna 24 may 1987	vpo	cd: dg 431 0952
salzburg 15 august 1988	vpo	unpublished radio broadcast

overture, scherzo and finale

berlin
16-17
february
1971

bpo

lp: dg 2530 170/2720 046/2740 129
cd: dg 431 1612

piano concerto

london
9-10
april
1948
	philharmonia
	lipatti
		78: columbia LX 1110-1113/
		    LCX 8012-8015/LX 8624-8627 auto
		78: columbia (italy) GQX 11207-11210
		lp: columbia 33C 1001
		lp: columbia (france) 33FCX 30096/
		    33FCX 322/33FCX 491/33FC 1016/
		    33FC 25078
		lp: columbia (italy) 33QC 1016/
		    33QCX 322
		lp: columbia (germany) C 70082/
		    33WC 1001
		lp: columbia (austria) 33VC 803
		lp: columbia (usa) ML 2195/ML 4525/
		    3216 0141
		lp: toshiba EAC 37001-37019
		lp: emi XLP 30072/HLM 7046/
		    1C061 00770/1C047 00770/
		    1C197 53780-53786M/
		    2C051 03713
		cd: emi CDH 769 7922/CZS 767 1632
		cd: piano library PL 291

london
24-25
august
1953
	philharmonia
	gieseking
		lp: columbia 33C 1033
		lp: columbia (france) 33FCX 284/
		    33FCX 322
		lp: columbia (italy) 33QCX 10239/
		    33QC 5020/33QC 10222
		lp: columbia (germany) C 91234/
		    C 70091/33WC 1033
		lp: angel 35321
		lp: toshiba EAC 37001-37019
		lp: emi 3C153 52425-52431M/
		    1C047 01401M
		cd: emi CDM 566 5972

salzburg 9 august 1970	bpo eschenbach	unpublished radio broadcast

piano concerto/concluded

salzburg 15 august 1974	vpo pollini	cd: exclusive EX92 T17 cd: live classics best (japan) LCB 132 *exclusive may be incorrectly dated 1970*
salzburg 14 april 1981	bpo zimerman	unpublished radio broadcast
berlin 27 september 1981	bpo zimerman	lp: dg 2532 043 cd: dg 410 0212/439 0152 *recording completed in january 1982*
salzburg 28 august 1984	vpo zimerman	unpublished radio broadcast
lucerne 31 august 1984	vpo zimerman	unpublished radio broadcast

DIMITRI SHOSTAKOVICH (1906-1975)

symphony no 10

berlin 28-30 november 1966	bpo	lp: dg 139 020 cd: dg 429 7162
moscow 29 may 1969	bpo	lp: melodiya C10 21277 009 *performance took place in presence of the composer*
salzburg 15 august 1976	dresden staatskapelle	unpublished radio broadcast
berlin 20-27 february 1981	bpo	lp: dg 2532 030 cd: dg 413 3612/439 0362
salzburg 30 may 1982	bpo	unpublished radio broadcast

JEAN SIBELIUS (1865-1957)

symphony no 1

berlin
2 january
1981

bpo

lp: emi ASD 4097/1C065 43050/
2C069 43050/3C065 43050
cd: emi CDM 769 0282/CDD 763 8962

symphony no 2

london
28-29
march
1960

philharmonia

lp: columbia 33CX 1730/SAX 2379
lp: columbia (italy) 33QCX 10409/
SAXQ 7305
lp: columbia (germany) C 91093/
STC91093/33WCX 1730/SAXW 2379
lp: angel 35981
lp: emi SXLP 30414
cd: emi CDM 566 5992
also issued unofficially on cd by palladio

berlin
16-17
november
1980

bpo

lp: emi ASD 4060/1C065 43040/
2C069 43040/3C065 43040
lp: angel 37816
cd: emi CDM 769 2432

symphony no 4

london 6-7 july 1953	philharmonia	lp: columbia 33CX 1125 lp: columbia (france) 33FCX 280 lp: columbia (italy) 33QCX 10078 lp: columbia (germany) C 90341/ 33WCX 1125 lp: angel 35082 lp: toshiba EAC 37020-37038 cd: emi CMS 763 4642/CDM 566 6002
berlin 26 february- 12 may 1965	bpo	lp: dg LPM 18 974/SLPM 138 974/ 2542 128/2720 067/2740 255 cd: dg 415 1082/439 5272/457 7482
helsinki 16 may 1965	bpo	unpublished radio broadcast

berlin
27-29
december
1976
	bpo	lp: emi ASD 3485/EG 29 06131/
		    1C065 02978/2C069 02978/
		    3C065 02978
		lp: angel 37462
		cd: emi CDM 769 2442

berlin 28 january 1978	bpo	unpublished radio broadcast

symphony no 5

stockholm 5 october 1949	stockholm philharmonic	cd: bis BISCD 424 *third movement only*
london 1 december 1951	philharmonia	lp: columbia 33CX 1047 lp: columbia (france) 33FCX 192 lp: columbia (italy) 33QCX 10019 lp: columbia (austria) 33VCX 520 lp: columbia (germany) C 90308/ 33WCX 1047 lp: angel 35002 lp: toshiba EAC 37020-37038 cd: emi CDM 566 6002 *recording completed on 29 july 1952*
berlin 24 may 1957	bpo	unpublished radio broadcast

london
20-23
september
1960
	philharmonia	lp: columbia 33CX 1750/SAX 2392
		lp: columbia (italy) SAXQ 7328
		lp: columbia (germany) C 70480/
		   STC 70480/33WC 558
		lp: angel 35922
		lp: emi SXLP 30430/1C053 00523/
		   1C053 03791
		cd: emi CDM 566 5992

berlin
22-24
february
1965
	bpo	lp: dg LPM 18 973/SLPM 138 973/
		   2542 109/2543 062/2720 067/
		   2720 112/2740 255
		cd: dg 415 1072/439 9822/
		   449 4182/457 7482

helsinki 16 may 1965	bpo	unpublished radio broadcast

berlin
september-
october
1976
	bpo	lp: emi ASD 3409/EG 29 06131/
		   1C065 02948/2C069 02948/
		   3C065 02948
		lp: angel 37490
		cd: emi CDM 769 2442/CMS 764 5632

berlin 16 october 1976	bpo	unpublished radio broadcast
lucerne 31 august 1977	bpo	unpublished radio broadcast

symphony no 6

london 4-5 july 1955	philharmonia	lp: columbia 33CX 1341 lp: columbia (italy) 33QCX 10195 lp: angel 35316 lp: toshiba EAC 37020-37038 cd: emi CMS 763 4642/CDM 566 6022
berlin 18 april 1967	bpo	lp: dg 139 032/2542 137/ 2720 067/2740 255 cd: dg 415 1082/439 9822/457 7482
berlin 16-20 november 1980	bpo	lp: emi EL 27 04071 cd: emi CDM 763 8962/CMS 763 3212

symphony no 7

london 5-6 july 1955	philharmonia	lp: columbia 33CX 1341 lp: columbia (italy) 33QCX 10195 lp: angel 35316 lp: toshiba EAC 37020-37038 lp: emi SXLP 30430/1C053 03791 cd: emi CMS 763 4642/CDM 566 6022 *also issued unofficially on cd by palladio*
berlin 20-21 september 1967	bpo	lp: dg 139 032/2542 137/ 2720 067/2740 255 cd: dg 415 1072/439 5272/457 7482

violin concerto

berlin
29-30
october
1964
	bpo
	ferras
		lp: dg LPM 18 961/SLPM 138 961/
		   2543 063/2720 112/2740 137/
		   2740 255
		cd: dg 419 8712

berlin 25 september 1971	bpo ferras	unpublished radio broadcast

en saga

berlin
september-
october
1976
	bpo	lp:emi ASD3374/ASD3409/EL27 04071/
		   1C063 02878/1C065 02948/
		   2C069 02878/2C069 02948/
		   3C065 02878/3C065 02948
		lp: angel 37408/37490
		cd: emi CDM 769 0172/CDM 764 3312

finlandia

london 29-31 july 1952	philharmonia	78: columbia LX 1593 78: columbia (australia) LOX 831 78: columbia (italy) GQX 11536 45: columbia SCD 2115 lp: columbia 33CX 1047 lp: columbia (france) 33FCX 192 lp: columbia (italy) 33QCX 10019 lp: columbia (austria) 33VCX 520 lp: columbia (germany) C 90308/ 33WCX 1047 lp: angel 35002 lp: toshiba EAC 37020-37038 cd: emi CMS 763 4642/CDM 566 6002
turin 11 april 1953	rai torino orchestra	unpublished radio broadcast
london 5-6 january 1959	philharmonia	lp: columbia 33CX 1750/SAX 2392 lp: columbia (italy) SAXQ 7328 lp: angel 35922/37232 lp: emi SLS 5019/1C053 00523/ 1C181 25307-25311 cd: emi CDM 769 4672/CZS 252 1592 cd: royal classics ROY 6475 cd: disky DCL 705872/HR 700 062

berlin
28 october
1964
	bpo	lp: dg LPM 18 961/LPM 39 016/
		    SLPM 138 961/SLPM 139 016/
		    2542 109/2543 062/2720 112/
		    2740 255/643 212/410 9811
		cd: 419 8712/423 2082/423 5552/
		    427 2222/427 8082/449 4182

helsinki 16 may 1965	bpo	unpublished radio broadcast
berlin september- december 1976	bpo	lp: emi ASD 3374/1C063 02878/ 2C069 02878/3C065 02878 lp: angel 37408 cd: emi CDM 769 0172/CDM 764 3312 cd: disky DCL 703 262
berlin 16 october 1976	bpo	unpublished radio broadcast
berlin 19-24 february 1984	bpo	lp: dg 413 7551 cd: dg 413 7552/415 3402/ 439 0102/445 5502

karelia suite

berlin bpo lp: emi ASD 4097/EL 27 04071/
2 january   1C063 43050/2C069 43050/
1981   3C065 43050
               cd: emi CDM 769 0282/CDM 764 3312

pelleas and melisande

berlin bpo lp: dg 2532 068
27 january- cd: dg 410 0262/445 5502
18 february
1982

the swan of tuonela

berlin bpo lp: dg LPM 18 974/LPM 39 016/
18-21   SLPM 138 974/SLPM 139 016/
september   2535 621/2542 128/2543 063/
1965   2720 112/2740 255
               cd: dg 439 9822/445 2882/457 7482

berlin bpo lp: emi ASD 3374/1C063 02878/
september-   2C069 02878/3C065 02878
december   lp: angel 37408
1976   cd: emi CDM 769 0172/CDM 764 3312

berlin bpo lp: dg 413 7551
19-24   cd: dg 413 7552/439 0102/457 7482
february
1984

tapiola

london 14-15 july 1953	philharmonia	lp: columbia 33CX 1125 lp: columbia (france) 33FCX 280 lp: columbia (italy) 33QCX 10078 lp: columbia (germany) C 90341/ 33WCX 1125 lp: angel 35082 lp: toshiba EAC 37020-37038 cd: emi CMS 763 4642/CDM 566 6022

berlin
30 october
1964
	bpo	lp: dg LPM 18 973/LPM 39 016/
		    SLPM 138 973/SLPM 139 016/
		    2740 255
		cd: dg 419 8712/423 2082/423 5552/
		    449 4182/457 7482

berlin
september-
december
1976
	bpo	lp: emi ASD 3374/ASD 3485/
		    1C065 02878/1C065 02978/
		    2C069 02878/2C069 02978/
		    3C065 02878/3C065 02978
		lp: angel 37408/37462
		cd: emi CDM 769 0172/CDM 764 3312

berlin 19-24 february 1984	bpo	lp: dg 413 7551 cd: dg 413 7552/445 5182/449 5152

valse triste

london
16 january
1958
	philharmonia	lp: columbia 33CX 1571/SAX 2302
		lp: columbia (france) 33FCX 824/
		    SAXF 160/CVD 2074
		lp: columbia (italy) 33QCX 10359/
		    SAXQ 7260
		lp: columbia (germany) SHZE 150
		lp: angel 35614
		lp: emi SLS 5019/2C053 00726/
		    1C181 25307-25311/143 5643/
		    1C137 03059-03060
		cd: emi CDM 769 4672/CZS 252 1592
		cd: royal classics ROY 6475
		cd: disky HR 700 062

berlin
30 january
1967
	bpo	lp: dg LPM 39 016/SLPM 139 016/
		    2538 095/2542 109/2543 062/
		    2720 112/2740 255/410 9811
		cd: dg 423 2082/423 5552/439 5272/
		    445 2882/449 4182

berlin 1 january 1972	bpo	unpublished radio broadcast
paris 24 june 1978	bpo	unpublished video recording
berlin 16-20 november 1980	bpo	lp: emi EL 27 04071 cd: emi CMS 763 3212/CMS 764 5632/ CZS 569 4582
berlin 31 december 1983	bpo	vhs video: sony SHV 46401 laserdisc: sony SLV 46401
berlin 19-24 february 1984	bpo	lp: dg 413 7551 cd: dg 413 7552/439 0102/ 445 2822/463 2912

BEDRICH SMETANA (1824-1884)

vltava/ma vlast

berlin june 1940	bpo	78: grammophon 67583-67584 lp: dg LPEM 19 078 cd: dg 423 5302/423 5252 cd: mazur INF 982-984 cd: grammofono AB 78026-78031 cd: sirio SO 53007

berlin
18-20
may
1958
	bpo	45: columbia (germany) C 50546/
		    SELW 1816
		45: columbia (italy) SEDQ 686
		lp: columbia 33CX 1642/SAX 2275
		lp: columbia (france) 33FCX 824/
		    SAXF 160/CVB 814/CVD 2075
		lp: columbia (italy) 33QCX 10348/
		    SAXQ 7263
		lp: columbia (germany) C 91003/
		    C 70426/STC 91003/33WCX 1642/
		    33WC 529/SAXW 2275
		lp: angel 35613/37232
		lp: emi SLS 839/ASD 2863/SXDW 3048/
		    SXLP 100 4911/1C177 02348-02352/
		    1C063 02348/1C063 00737/
		    1C053 01414/2C059 02348/143 5643/
		    2C069 02348/3C065 02348
		cd: emi CDM 769 4652/CDZ 252 1522/
		    CZS 252 1592/CZS 569 4582
		cd: laserlight 24426
		cd: disky DCL 705872/HR 700 062

vltava/concluded

berlin
14-17
april
1967
	bpo	lp: dg 139 037/2543 037/2543 509/
		    2720 111/2726 516
		cd: dg 423 2202/423 5552/
		    427 8082/447 4152

berlin
2-3
january
1977
	bpo	lp: emi ASD 3407/1C063 02920/
		    2C069 02920/3C065 02920/
		    2C167 54312-54314
		lp: angel 37437
		cd: emi CDM 769 0052/CMS 764 5632

berlin 28 december 1983- 24 february 1984	bpo	lp: dg 413 5871 cd: dg 413 5872/445 5502
berlin 31 december 1983	bpo	vhs video: sony SHV 46401 laserdisc: sony SLV 46401
vienna may 1985	vpo	lp: dg 415 5091 cd: dg 415 5092/439 0092

vysherad/ma vlast

berlin 14-17 april 1967	bpo	lp: dg 139 037/2543 037/2720 111 cd: dg 423 2202/423 5552/447 4152

the bartered bride, excerpt (sweet dream of love)

vienna	vpo	78: columbia LX 1074
15-16	konetzni	78: columbia (austria) LVX 54
november	*sung in german*	lp: emi RLS 764/1C137 43187-43189M
1947		cd: preiser 90078
		cd: emi CDM 566 3942/CMS 566 4832
		also in a private lp edition by preiser

polka/the bartered bride

berlin	bpo	lp: dg 2530 244/2543 509/
22-24		2726 516/415 8561
september		cd: dg 415 8562/423 2072/423 5552
1971		

furiant & dance of the comedians/the bartered bride

berlin	bpo	lp: dg 2530 244/2543 509/2726 516
22-24		cd: dg 423 2072/423 5552
september		
1971		

JOHN PHILIP SOUSA (1854-1932)

marches: the stars and stripes forever & el capitan

london philharmonia columbia unpublished
21 july
1953

JOHANN STRAUSS I (1804-1849)

radetzky march

london
8 july
1955
	philharmonia	45: columbia SEL 1568
		45: columbia (germany) C 41132/
		    SEGW 7909
		45: columbia (italy) SEBQ 171
		lp: columbia 33CX 1335
		lp: columbia (france) 33FCX 512/
		    33FC 30103
		lp: columbia (italy) 33QCX 10198
		lp: columbia (germany) C 80464/
		    33WSX 528
		lp: angel 35327
		lp: toshiba EAC 37020-37038

brussels june 1958	vpo	lp: movimento musica 01.039 cd: movimento musica 051.030 cd: arkadia CDKAR 215 cd: natise HVK 102

london
24 september
1960
	philharmonia	lp: columbia 33CX 1758/SAX 2404
		lp: columbia (france) 33FCX 894/
		    SAXF 216/CVD 2074
		lp: angel 35926/37232
		lp: world records T 838/ST 838
		lp: emi SXDW 3048/CFP 40368/
		    1C037 00765/2C053 00726/
		    1C137 03059-03060/143 5643
		cd: emi CDM 769 4672/CZS 252 1592
		cd: royal classics ROY 6475
		cd: laserlight 24426
		cd: disky HR 700 062

radetzky march/concluded

berlin 28-29 december 1966	bpo	lp: dg 139 014/2725 507/ 77 199/415 8521 cd: dg 423 8262/429 0742/ 431 6412/439 3462
salzburg 25 august 1968	vpo	cd: dg 439 1042
berlin 26 september 1973	bpo	unpublished radio broadcast
berlin 13-15 june 1980	bpo	lp: dg 2532 027/2741 003 cd: 410 0272/415 3402/ 423 8032/445 5702 *recording completed in september and december 1980*
vienna 1 january 1987	vpo	lp: dg 419 6161 cd: dg 419 6162/445 1202/ 459 7302/459 7342 vhs video: sony SHV 45985 laserdisc: sony SLV 45985 dvd: sony SVD 45985
new york 26 february 1989	vpo	unpublished radio broadcast

beliebte annen polka

vienna vpo lp: dg 419 6161
1 january cd: dg 419 6162/459 7342
1987 vhs video: sony SHV 45985
  laserdisc: sony SLV 45985
  dvd: sony SVD 45985
  video editions have ballet
  sequence added

JOHANN STRAUSS II (1825-1899)

accelerationen, waltz

berlin bpo lp: dg 2532 025/2741 003
13-15   cd: dg 400 0262
june   *recording completed in september*
1980   *and december 1980*

ägyptischer marsch

berlin bpo lp: dg 2530 027/2563 414/2726 507
28-29   cd: dg 413 4322/423 8262/449 7682
april
1969

an der schönen blauen donau, waltz

vienna 28-31 october 1946	vpo	78: columbia LX 1118/LCX 123 78: columbia (france) LFX 840 78: columbia (switzerland) LZX 217 45: columbia SCD 2144 lp: toshiba EAC 30110 cd: emi CDM 566 3952/CMS 566 4832 cd: grammofono AB 78691 cd: iron needle IN 1408

london
7-8
july
1955
	philharmonia	lp: columbia 33CX 1393
		lp: columbia (france) 33FCX 531/
		    33FCX 30105
		lp: columbia (italy) 33QCX 10205
		lp: columbia (germany) C 80463/
		    33WSX 527
		lp: angel 35342
		lp: toshiba EAC 37020-37038
		cd: emi CMS 763 4562

brussels june 1958	vpo wiener männergesangverein	lp: movimento musica 01.039 cd: movimento musica 051.030 cd: arkadia CDKAR 215 cd: natise HVK 102

berlin
28-29
december
1966
	bpo	lp: dg 139 014/2538 095/2542 143/
		    2543 040/2720 111/
		    2726 507/415 8521
		cd: dg 423 2212/423 5552/423 8262/
		    431 6412/437 2552/447 3372

salzburg 25 august 1968	vpo	cd: dg 439 1042 cd: orfeo/salzburger festspiele SF 001

berlin
4-8
january
1975
	bpo	lp: emi ASD 3132/EG 29 06141/
		    1C065 02642/2C069 02642/
		    3C065 02642
		lp: angel 37144
		cd: emi CDM 769 0182
		recording completed in december 1975

berlin 13-15 june 1980	bpo	lp: dg 2532 025/2741 003 cd: dg 400 0262/419 7352/445 5702 *recording completed in september and december 1980*
vienna 1 january 1987	vpo	lp: dg 419 6161 cd: dg 419 6162/445 1202/449 5972/ 459 7302/459 7472/459 7522 vhs video: sony SHV 45985 laserdisc: sony SLV 45985 dvd: sony SVD 45985 *video editions have ballet sequence added*

annen polka

brussels june 1958	vpo	lp: movimento musica 01.039 cd: movimento musica 051.030 cd: arkadia CDKAR 215 cd: natise HVK 102
vienna 7-8 april 1959	vpo	lp: victor LM 2346/LD 6407/LSC 2346/ LDS 6407/RB 16216/SB 2091 lp: decca ADD 259/SDD 259 lp: london (usa) STS 15163 cd: decca 417 7742/448 0422

berlin
28-29
december
1966
	bpo	lp: dg 139 014/2542 143/2563 414/
		    2726 507/415 8521
		cd: dg 423 2212/423 5552/423 8262/
		    431 6412/437 2552

salzburg 25 august 1968	vpo	cd: dg 439 1042

berlin
4-8
january
1975
	bpo	lp: emi ASD 3132/EG 29 06141/
		    1C065 02642/2C069 02642/
		    3C065 02642
		lp: angel 37144
		cd: emi CDM 769 0182
		recording completed in december 1975

berlin 13-15 june 1980	bpo	lp: dg 2532 026/2741 003 cd: dg 410 0222 *recording completed in september and december 1980*
vienna 1 january 1987	vpo	lp: dg 419 6161 cd: dg 419 6162 vhs video: sony SHV 45985 laserdisc: sony SLV 45985 dvd: sony SVD 45985
new york 26 february 1989	vpo	unpublished radio broadcast

auf der jagd, polka

brussels june 1958	vpo	lp: movimento musica 01.039 cd: movimento musica 051.030 cd: arkadia CDKAR 215 cd: natise HVK 102
vienna 7-8 april 1959	vpo	lp: victor LM2346/LD6407/LSC2346/ - LDS 6407/RB 16216/SB 2091 lp: decca ADD 259/SDD 259 lp: london (usa) STS 15163 cd: decca 417 7742/448 0422 cd: dg 435 3352/459 7462/459 7522

berlin
28-29
april
1969
	bpo	lp: dg 2530 027/2563 414/
		    2726 507/415 8521
		cd: dg 413 4322/423 2212/423 5552/
		    423 8262/431 6412/
		    437 2552/449 7682

berlin 13-15 june 1980	bpo	lp: dg 2532 026/2741 003 cd: dg 410 0222/445 5702 *recording completed in september and december 1980*

elyen a magyar, polka

berlin 13-15 june 1980	bpo	lp: dg 2532 025/2741 003 cd: dg 400 0262 *recording completed in september and december 1980*

die fledermaus

london
26-30
april
1955
	philharmonia
	and chorus
	schwarzkopf
	streich
	gedda
	christ
	krebs
	kunz
		lp: columbia 33CX 1309-1310
		lp: columbia (italy) 33QCX 10183-10184
		lp: columbia (germany) C 80512-80513/
		    33WSX 533-534
		lp: angel 3539
		lp: emi RLS 728/1C149 00427-00428/
		    2C181 00427-00428
		cd: emi CHS 769 5312/CMS 567 0742
		excerpts
		45: columbia SEL 1557
		lp: columbia 33CX 1516
		lp: columbia (germany) C 80110/
		    33WSX 602
		lp: emi 1C147 03580-03581M/
		    1C047 01953
		cd: emi CDM 763 5572/CDM 763 6572/
		    CMS 763 7902

vienna
12-20
june
1960
	vpo
	vienna opera
	chorus
	güden
	köth
	resnik
	kmennt
	zampieri
	berry
	wächter
		lp: decca MET 201-203/SET 201-203/
		    LXT 6015-6016/SXL 6015-6016/
		    D147 D3
		lp: london (usa) A 4347/OSA 1319
		cd: decca 421 0462
		excerpts
		45: decca CEP 5507/SEC 5507
		lp:decca LXT6155/SXL 6155/ADD 150/
		    SDD 150/HZT 501/417 4551
		lp: london (usa) STS 15208
		cd: decca 417 7742/448 0422
		all complete issues except LXT 6015-6016/
		SXL 6015-6016 contain gala operatic
		sequence not conducted by karajan

vienna 31 december 1960	vpo vienna opera chorus güden streich zampieri di stefano stolze berry wächter kunz	lp: foyer FO 1031 cd: foyer 3CF-2021 cd: arkadia CDKAR 215 cd: rca/bmg 74321 619492/ 74321 619532 *excerpts* lp: longanesi GML 25 cd: rca/bmg 74321 619522

die fledermaus, overture

berlin december 1942	bpo	78: grammophon 68043 cd: dg 423 5282/423 5252 cd: mazur INF 982-984 cd: grammofono AB 78026-78031 cd: sirio SO 53007
vienna 27 november 1948	vpo	78: columbia LX 1546 78: columbia (france) LFX 989 78: columbia (austria) LVX 152 78: columbia (italy) GQX 11435 78: columbia (denmark) LDX 11 45: columbia SCD 2101 lp: toshiba EAC 30110 cd: emi CDM 566 3952/CMS 566 4832 cd: iron needle IN 1408
brussels june 1958	vpo	lp: movimento musica 01.039 cd: movimento musica 051.030 cd: arkadia CDKAR 215 cd: natise HVK 102
vienna 7-8 april 1959	vpo	lp: victor LM 2346/LD 6407/LSC 2346/ LDS 6407/RB 16216/SB 2091 lp: decca ADD 259/SDD 259 lp: london (usa) STS 15163 cd: decca 417 7742/448 0422 cd: dg 459 7342

berlin
28-29
december
1966
	bpo	lp: dg 139 014/2535 310/2543 533/
		    2563 414/2726 507/
		    2725 525/77 199
		cd: dg 423 8262

berlin 26 september 1973	bpo	unpublished radio broadcast

berlin
4-8
january
1975
	bpo	lp: emi ASD 3132/EG 29 06141/
		    1C065 02642/2C069 02642/
		    3C065 02642
		lp: angel 37144
		cd: emi CDM 769 0182/CDM 764 4422/
		    CMS 764 5632/CZS 569 4582
		cd: disky DCL 703 332
		recording completed in december 1975

berlin 13-15 june 1980	bpo	lp: dg 2532 025/2741 003 cd: dg 400 0262/445 1202/445 5702 *recording completed in september and december 1980*

die fledermaus overture/concluded
vienna vpo
1 january
1987

lp: dg 419 6161
cd: dg 419 6162
vhs video: sony SHV 45985
laserdisc: sony SLV 45985
dvd: sony SVD 45985

fledermaus-quadrille
berlin bpo
13-15
june
1980

lp: dg 2532 027/2741 003
cd: dg 410 0272
recording completed in september
and december 1980

frühlingsstimmen, waltz/vocal version
brussels vpo
june güden
1958

lp: movimento musica 01.039
cd: movimento musica 051.030
cd: arkadia CDKAR 215
cd: natise HVK 102

vienna vpo
1 january battle
1987

lp: dg 419 6161
cd: dg 419 6162
vhs video: sony SHV 45985
laserdisc: sony SLV 45985
dvd: sony SVD 45985

g'schichten aus dem wienerwald, waltz
vienna vpo
22-24
november
1948

78: columbia LX 1274
78: columbia (france) LFX 1014
78: columbia (austria) LVX 137
78: columbia (denmark) LDX 12
lp: toshiba EAC 30110
lp: emi RLS 7714/1C137 54370-54373M
cd: emi CDM 566 3962/CMS 763 3262/
    CMS 566 4832
cd: iron needle IN 1408

vienna vpo
7-8
april
1959

lp: victor LM 2346/LD 6407/LSC 2346/
    LDS 6407/RB 16216/SB 2091
lp: decca ADD 259/SDD 259
lp: london (usa) STS 15163
cd: decca 417 7742/448 0422

berlin bpo
28-29
april
1969

lp: dg 2530 027/2542 143/2543 040/
    2720 111/2721 198/
    2726 507/415 8521
cd: dg 423 2212/423 5552/431 6412/
    437 2552/449 7682

berlin bpo
13-15
june
1980

lp: dg 2532 027/2741 003
cd: dg 410 0272/445 1202/445 5702
recording completed in september
and december 1980

kaiserwalzer

berlin june 1941	bpo	78: grammophon 76749 cd: dg 423 5282/423 5252 cd: mazur INF 982-984 cd: grammofono AB 78026-78031
vienna 28-31 october 1946	vpo	78: columbia LX 1021/LCX 108 78: columbia (italy) GQX 11148 78: columbia (austria) LVX 2 78: columbia (usa) AL 28 lp: toshiba EAC 30111 cd: emi CDM 566 3952/CMS 763 3262/ CMS 566 4832 cd: iron needle IN 1408

london
7 july
1955
	philharmonia	lp: columbia 33CX 1393
		lp: columbia (france) 33FCX 531/
		    33FCX 30105
		lp: columbia (italy) 33QCX 10205
		lp: columbia (germany) C 80463/
		    33WSX 527
		lp: angel 35342
		lp: toshiba EAC 37020-37038
		cd: emi CMS 763 4562

kaiserwalzer/concluded

brussels june 1958	vpo	lp: movimento musica 01.039 cd: movimento musica 051.030 cd: arkadia CDKAR 215 cd: natise HVK 102

berlin
28-29
december
1966
	bpo	lp: dg 139 014/2543 040/2720 111/
		    2726 507/77 199/415 8521
		cd: dg 423 2212/423 5552/423 8262/
		    431 6412/437 2552/447 3372

salzburg 25 august 1968	vpo	cd: dg 439 1042
berlin 26 september 1973	bpo	unpublished radio broadcast

berlin
4-8
january
1975
	bpo	lp: emi ASD 3132/EG 29 06141/
		    1C065 02642/2C069 02642/
		    3C065 02642
		lp: angel 37144
		cd: emi CDM 769 0182
		recording completed in december 1975

berlin 13-15 june 1980	bpo	lp: dg 2532 026/2741 003 cd: dg 410 0222/445 5702 *recording completed in september and december 1980*
vienna 1 january 1987	vpo	cd: dg 435 3352 vhs video: sony SHV 45985 laserdisc: sony SLV 45985 dvd: sony SVD 45985 *video editions have ballet sequence added*

künstlerleben, waltz

berlin june 1941	bpo	78: grammophon 76749 cd: dg 423 5282/423 5252 cd: mazur INF 982-984 cd: grammofono AB 78026-78031
vienna 28-31 october 1946	vpo	78: columbia LX 1013 78: columbia (italy) GQX 11173 78: columbia (switzerland) LZX 218 78: columbia (austria) LVX 3 45: columbia SEL 1503 45: columbia (germany) C 50142/ SELW 1503 45: columbia (france) ERBF 109 45: columbia (italy) SEBQ 101 lp: toshiba EAC 30111 cd: emi CDM 566 3952/CMS 566 4832 cd: iron needle IN 1408

london
25 may-
7 july
1955
	philharmonia	lp: columbia 33CX 1393
		lp: columbia (france) 33FCX 531/
		    33FCX 30105
		lp: columbia (italy) 33QCX 10205
		lp: columbia (germany) C 80463/
		    33WSX 527
		lp: angel 35342
		lp: toshiba EAC 37020-37038
		cd: emi CMS 763 4562

berlin 13-15 june 1980	bpo	lp: dg 2532 025/2741 003 cd: dg 400 0262 *recording completed in september and december 1980*

leichtes blut, polka

vienna 28-31 october 1946	vpo	cd: emi CDM 566 3962/CMS 566 4832 cd: iron needle IN 1408 *unpublished columbia 78 rpm recording*
berlin 28-29 april 1969	bpo	cd: dg 449 7682 *unpublished dg lp recording*
berlin 13-15 june 1980	bpo	lp: dg 2532 025/2741 003 cd: dg 400 0262/445 5702 *recording completed in september and* *and december 1980*

morgenblätter, waltz

berlin
28-29
april
1969
	bpo	lp: dg 2530 027/2543 040/
		    2720 111/2726 507
		cd: dg 413 4322/423 8262/
		    445 2882/449 7682

napoleon-marsch

berlin 13-15 june 1980	bpo	lp: dg 2532 027/2741 003 cd: dg 410 0272 *recording completed in september and* *december 1980*

perpetuum mobile

vienna 21 january 1949	vpo	78: columbia LB 128 78: columbia (germany) LW 62 78: columbia (italy) GQ 7251 45: columbia SCD 2111 lp: toshiba EAC 30110 lp: emi RLS 7714/1C137 54370-54373M cd: emi CDM 566 3952/CMS 763 3262/ CMS 566 4832
berlin 28-29 december 1966	bpo	lp: dg 139 014/2726 507/77 199 cd: dg 423 2212/423 5552/423 8262/ 431 6412/437 2552
salzburg 25 august 1968	vpo	cd: dg 439 1042
berlin 13-15 june 1980	bpo	lp: dg 2532 027/2741 003 cd: dg 410 0272/445 5702 *recording completed in september and december 1980*
vienna 1 january 1987	vpo	cd: dg 457 6892 vhs video: sony SHV 45985 laserdisc: sony SLV 45985 dvd: sony SVD 45985
new york 26 february 1989	vpo	unpublished radio broadcast

persischer marsch

berlin 28-29 april 1969	bpo	lp: dg 2530 027/2726 507/415 8521 cd: dg 423 8262/449 7682
berlin 13-15 june 1980	bpo	lp: dg 2532 025/2741 003 cd: dg 400 0262 *recording completed in september and december 1980*

postillon d'amour, polka

berlin 28-29 april 1969	bpo	cd: dg 449 7682 *unpublished dg lp recording*

rosen aus dem süden, waltz

berlin 13-15 june 1980	bpo	lp: dg 2532 026/2741 003 cd: dg 410 0222/445 1202/445 5702 *recording completed in september and* *december 1980*

vergnügungszug, polka

vienna 1 january 1987	vpo	lp: dg 419 6161 cd: dg 419 6162/459 7302/ 459 7462/459 7512 vhs video: sony SHV 45985 laserdisc: sony SLV 45985 dvd: sony SVD 45985

wein weib und gesang, waltz

vienna 18-20 october 1949	vpo	78: columbia LX 1402/LCX 145 78: columbia (france) LFX 1013 78: columbia (italy) GQX 11437 78: columbia (germany) LWX 403 78: columbia (usa) M 15141 45: columbia SCB 112/SCD 2075 45: columbia (italy) SCBQ 3017 lp: toshiba EAC 30111 cd: emi CDM 566 3952/CMS 763 3262/ CMS 566 4832
berlin 13-15 june 1980	bpo	lp: dg 2532 026/2741 003 cd: dg 410 0222 *recording completed in september and* *december 1980*

tritsch-tratsch polka

vienna 18-20 october 1949	vpo	78: columbia LB 128 78: columbia (italy) GQ 7251 78: columbia (germany) LW 62 45: columbia SCD 2111 lp: toshiba EAC 30110 lp: emi RLS 7714/1C137 54370-54373M cd: emi CDM 566 3962/CDM 567 1772/ CMS 763 3262/CMS 566 4832

london
6-8
july
1955
	philharmonia	45: columbia SEL 1568
		45: columbia (Italy) SEBQ 171
		lp: columbia 33CX 1335
		lp: columbia (france) 33FCX 512/
		    33FCX 30103
		lp: columbia (italy) 33QCX 10198
		lp: columbia (germany) C 80464/
		    33WSX 528
		lp: angel 35327
		lp: toshiba EAC 37020-37038

london
24 september
1960
	philharmonia	lp: columbia 33CX 1758/SAX 2404
		lp: columbia (france) 33FCX 894/
		    SAXF 216/CVD 2074
		lp: angel 35926
		lp: world records T 838/ST 838
		lp: emi CFP 40368/1C037 00765/
		    1C137 03059-03060/2C053 00726
		cd: laserlight 24426

berlin 28-29 december 1966	bpo	lp: dg 139 014/2542 143/2726 507 cd: dg 423 2212/423 5552/423 8262/ 431 6412/437 2552
berlin 26 september 1973	bpo	unpublished radio broadcast

berlin
4-8
january
1975
	bpo	lp: emi ASD 3132/EG 29 06141/
		    1C965 02642/2C069 02642/
		    3C065 02642
		lp: angel 37144
		cd: emi CDM 769 0182
		recording completed in december 1975

berlin 13-15 june 1980	bpo	lp: dg 2532 026/2741 003 cd: dg 410 0222/445 1202 *recording completed in september and december 1980*

unter donner und blitz, polka

vienna
18-20
october
1949
	vpo	lp: preiser LV 15
		cd: emi CDH 764 2992/CDM 566 3952/
		    CDM 567 1772/CHS 764 2942/
		    CMS 763 3262/CMS 566 4832
		cd: dg 459 7342
		unpublished columbia 78rpm recording

london
8 july
1955
	philharmonia	45: columbia SEL 1568
		45: columbia (italy) SEBQ 171
		lp: columbia 33CX 1335
		lp: columbia (france) 33FCX 512/
		    33FCX 30103
		lp: columbia (italy) 33QCX 10198
		lp: columbia (germany) C 80464/
		    33WSX 528
		lp: angel 35327
		lp: toshiba EAC 37020-37038

brussels june 1958	vpo	lp: movimento musica 01.039 cd: movimento musica 051.030 cd: arkadia CDKAR 215 cd: natise HVK 102

london
24 september
1960
	philharmonia	lp: columbia 33CX 1758/SAX 2404
		lp: columbia (france) 33FCX 894/
		    SAXF 216/CVD 2074
		lp: angel 35926/37231
		lp: world records T 838/ST 838
		lp: emi CFP 40308/1C037 00765/
		    2C053 00726
		cd: laserlight 24426

berlin
28-29
april
1969
	bpo	lp: dg 2530 027/2542 143/2563 414/
		    2726 507/415 8521
		cd: dg 423 2212/423 5552/423 8262/
		    431 6412/437 2552/449 7682

berlin 13-15 june 1980	bpo	lp: dg 2532 025/2741 003 cd: dg 400 0262/445 5702 *recording completed in september and december 1980*
vienna 1 january 1987	vpo	lp: dg 419 6161 cd: dg 419 6162/459 7302/ 459 7462/459 7522 vhs video: sony SHV 45985 laserdisc: sony SLV 45985 dvd: sony SVD 45985

wiener blut, waltz

vienna 18-27 october 1949	vpo	78: columbia LX 1321 78: columbia (france) LFX 1023 78: columbia (italy) GQX 11436 78: columbia (austria) LVX 167 45: columbia SEL 1503/SCD 2075 45: columbia (france) ESBF 109 45: columbia (italy) SEBQ 101 lp: toshiba EAC 30111 cd: emi CDM 566 3962/CDM 567 1772/ CMS 763 3262/CMS 566 4832 cd: dg 459 7342 *recording completed on 10 november 1949*

berlin
28-29
april
1969
	bpo	lp: dg 2530 027/2535 253/2542 143/
		    2543 040/2720 111/
		    2726 507/415 8521
		cd: dg 413 4322/423 2212/423 5552/
		    423 8262/431 6412/437 2552/
		    445 1202/447 3372/449 7682

berlin 13-15 june 1980	bpo	lp: dg 2532 027/2741 003 cd: dg 410 0272 *recording completed in september and december 1980*

der zigeunerbaron, excerpt (so elend und treu/habet acht!)

vienna
16 november
1948
	vpo
	cebotari
		78: hmv DB 6947
		lp: columbia (usa) RL 3068
		lp: preiser PR 8960
		lp: emi RLS 764/1C137 43187-43189M/
		    1C147 29118-29119M/
		    1C147 30226-30227M
		cd: emi CDM 566 3942/CMS 566 4832
		cd: preiser 90034

der zigeunerbaron, overture

berlin 21 october 1942	bpo	78: grammophon 67997 lp: basf/acanta 22177 cd: dg 423 5312/423 5252/ 459 0012/459 0652 cd: mazur INF 982-984 cd: grammofono AB 78026-78031
vienna 28-31 october 1946	vpo	78: columbia LX 1009 78: columbia (france) LFX 773 78: columbia (italy) GQX 11139 78: columbia (austria) LVX 4 lp: toshiba EAC 30110 cd: emi CDH 764 2992/CDM 566 3952/ CHS 764 2942/CMS 566 4832 cd: iron needle IN 1408

london
7 july
1955
	philharmonia	45: columbia SEL 1557
		lp: columbia 33CX 1393
		lp: columbia (france) 33FCX 531/
		    33FCX 30105
		lp: columbia (italy) 33QCX 10205
		lp: columbia (germany) C 80463/
		    33WSX 527
		lp: angel 35342
		lp: toshiba EAC 37020-37038
		cd: emi CMS 763 4562

vienna 7-8 april 1959	vpo	lp: victor LM 2346/LD 6407/LSC 2346/ LDS 6407/RB 16216/SB 2091 lp: decca ADD 259/SDD 259 lp: london (usa) STS 15163 cd: decca 417 7742/448 0422 cd: dg 459 7462/459 7472
berlin 28-29 december 1966	bpo	lp: dg 139 014/2543 533/ 2726 507/2726 525 cd: dg 413 4322/445 2892
salzburg 25 august 1968	vpo	cd: dg 439 1042

zigeunerbaron overture/concluded

berlin 26 september 1973	bpo	unpublished radio broadcast

berlin
4-8
january
1975
	bpo	lp: emi ASD 3132/EG 29 06141/
		    SXLP 30506/1C047 02381/
		    1C065 02642/2C069 02642/
		    3C065 02642
		lp: angel 37144
		cd: emi CDM 769 0182/CDM 764 6292
		recording completed in december 1975

berlin 13-15 june 1980	bpo	lp: dg 2532 026/2741 003 cd: dg 410 0222 *recording completed in september and december 1980*
berlin 31 december 1983	bpo	vhs video: sony SHV 46401 laserdisc: sony SLV 46401
vienna 1 january 1987	vpo	cd: dg 457 6892 vhs video: sony SHV 45985 laserdisc: sony SLV 45985 dvd: sony SVD 45985
new york 26 february 1989	vpo	unpublished radio broadcast

JOHANN AND JOSEF STRAUSS

pizzicato polka

vienna 28-31 october 1946	vpo	cd: emi CDM 566 3962/CMS 566 4832 *unpublished columbia 78 rpm recording*
london 20 may 1955	philharmonia	columbia unpublished

london
9 july
1955
	philharmonia	45: columbia SEL 1568
		45: columbia (italy) SEBQ 171
		lp: columbia 33CX 1393
		lp: columbia (france) 33FCX 531/
		    33FCX 30105
		lp: columbia (italy) 33QCX 10205
		lp: columbia (germany) C 80463/
		    33WSX 527
		lp: angel 35342
		lp: toshiba EAC 37020-37038
		cd: emi CMS 763 4562

brussels june 1958	vpo	lp: movimento musica 01.039 cd: movimento musica 051.030 cd: arkadia CDKAR 215 cd: natise HVK 102
berlin 28-29 april 1969	bpo	lp: dg 2530 027/2726 507/415 8521 cd: dg 423 2212/423 5552/431 6412/ 437 2552/449 7682
vienna 1 january 1987	vpo	lp: dg 419 6161 cd: dg 419 6162/445 1202/459 7302/ 459 7462/459 7532 vhs video: sony SHV 45985 laserdisc: sony SLV 45985 dvd: sony SVD 45985

JOSEF STRAUSS (1827-1870)

delirienwalzer

vienna 18-27 october 1949	vpo	78: columbia LX 1303 78: columbia (austria) LVX 142 lp: toshiba EAC 30111 lp: emi RLS 7714/1C137 54370-54373M cd: emi CDM 566 3962/CMS 763 3262/ CMS 566 4832

london
6 july
1955
	philharmonia	lp: columbia 33CX 1393
		lp: columbia (france) 33FCX 531/
		    33FCX 30105
		lp: columbia (italy) 33QCX 10205
		lp: columbia (germany) C 80463/
		    33WSX 527
		lp: angel 35342
		lp: toshiba EAC 37020-37038
		cd: emi CMS 763 4562

vienna 7-8 april 1959	vpo	lp: victor LM 2346/LD 6407/LSC 2346/ LDS 6407/RB 16216/SB 2091 lp: decca ADD 259/SDD 259 lp: london (usa) STS 15163 cd: decca 417 7742/448 0422
berlin 28-29 december 1966	bpo	lp: dg 139 014/2726 507 cd: dg 423 2212/423 5552/ 431 6412/437 2552

delirienwalzer/concluded

salzburg   vpo   cd: dg 439 1042
25 august
1968

berlin   bpo   unpublished radio broadcast
1 january
1972

paris   bpo   unpublished video recording
24 june
1978

berlin   bpo   lp: dg 2532 027/2741 003
13-15   cd: dg 410 0272/445 5702
june   *recording completed in september and*
1980   *december 1980*

berlin   bpo   vhs video: sony SHV 46401
31 december   laserdisc: sony SLV 46401
1983

vienna   vpo   lp: dg 419 6161
1 january   cd: dg 419 6162
1987   vhs video: sony SHV 45985
                               laserdisc: sony SLV 45985
                               dvd: sony SVD 45985

new york   vpo   unpublished radio broadcast
26 february
1989

ohne sorgen, polka

vienna	vpo	lp: dg 419 6161
1 january		cd: dg 419 6162
1987		vhs video: sony SHV 45985
		laserdisc: sony SLV 45985
		dvd: sony SVD 45985

transaktionenwalzer

vienna	vpo	78: columbia LX 1257
18-20		78: columbia (france) LFX 1022
october		45: columbia SEL 1505
1949		45: columbia (italy) SEBQ 107
		45: columbia (germany) C 50143/ SELW 1505
		cd: emi CDM 566 3962/CMS 763 3262/ CMS 566 4832

sphärenklänge, waltz

vienna
18-20
october
1949
	vpo	78: columbia LX 1250
		78: columbia (france) LFX 1027
		78: columbia (usa) M 15175
		45: columbia SEL 1505
		45: columbia (italy) SEBQ 107
		45: columbia (germany) C 50143/
		    SELW 1505
		cd: emi CDM 566 3952/CMS 763 3262/
		    CMS 566 4832
		cd: dg 435 3352

london 18 january 1958	philharmonia	columbia unpublished
berlin 28-29 april 1969	bpo	cd: dg 449 7682 *unpublished dg lp recording*
berlin 13-15 june 1980	bpo	lp: dg 2532 027/2741 003 cd: dg 410 0272 *recording completed in september and december 1980*
berlin 31 december 1985	bpo	unpublished telemondial video recording
vienna 1 january 1987	vpo	lp: dg 419 6161 cd: dg 419 6162 vhs video: sony SHV 45985 laserdisc: sony SLV 45985 dvd: sony SVD 45985
new york 26 february 1989	vpo	unpublished radio broadcast

RICHARD STRAUSS (1864-1949)

ariadne auf naxos

london	philharmonia	lp: columbia 33CX 1292-1294
30 june-	schwarzkopf	lp: columbia (france) 33FCX 506-508
7 july	seefried	lp: columbia (italy) 33QCX 10168-10170
1954	streich	lp: columbia (germany) C 90458-90460/
	schock	33WCX 1292-1294
	dönch	lp: angel 3532
	prey	lp: emi RLS 760/EX 769 2961/
		1C153 03520-03522/
		2C153 03520-03522
		cd: emi CMS 769 2962/CMS 567 0772
		excerpts
		cd: emi CDM 763 6572/CMS 763 7902

ariadne auf naxos, excerpt (es gibt ein reich)

vienna	vpo	78: hmv DB 6914
16 november	cebotari	45: hmv 7ER 5141
1948		lp: world records SH 286
		lp: emi RLS 764/1C137 43187-43189M/
		1C147 29150-29151M/
		1C147 29118-29119M
		lp: preiser PR 9860
		cd: preiser 90034
		cd: emi CDM 566 3942/CMS 566 4832/
		CZS 569 7432
		also in a private lp edition by preiser

capriccio, orchestral interlude and closing scene

berlin	bpo	lp: dg 419 1881
18-20	tomowa-sintov	cd: dg 419 1882/445 6002
november		*also unpublished telemondial video*
1985		*recording*

elektra

salzburg	vpo	lp: estro armonico EA 044
11 august	vienna opera	lp: melodram MEL 718
1964	chorus	cd: melodram CDM 27044
	varnay	cd: orfeo C298 922I
	hillebrecht	*excerpts*
	mödl	cd: arkadia CDKAR 213
	king	
	wächter	

die frau ohne schatten

vienna	vpo	cd: nuova era NE 2288-2290
11 june	vienna opera	cd: arkadia CDKAR 207
1964	chorus	cd: dg 457 6782
	rysanek	
	ludwig	
	hoffman	
	popp	
	thomas	
	wunderlich	
	berry	
	kreppel	
vienna	vpo	unpublished radio broadcast
17 june	vienna opera	*karajan's final performance as director*
1964	chorus	*of wiener staatsoper*
	janowitz	
	kuchta	
	hoffman	
	popp	
	thomas	
	wunderlich	
	berry	
	kreppel	

der rosenkavalier

milan 26 january 1952	la scala orchestra and chorus schwarzkopf jurinac della casa pirino edelmann kunz	cd: legato LCD 197

london
12-22
december
1956
	philharmonia
	and chorus
	schwarzkopf
	ludwig
	stich-randall
	gedda
	edelmann
	wächter
		lp: columbia 33CX 1492-1495/
		    SAX 2269-2272
		lp: columbia (france) 33FCX 750-753/
		    CVB 750-753
		lp: columbia (germany) C 90566-90569/
		    STC90566-90569/33WCX 1492-1495/
		    SAXW 2269-2272
		lp: angel 3563
		lp: emi SLS 810/EX 29 00453/
		    1C191 00459-00462/
		    2C165 00459-00462/
		    3C165 00459-00462
		cd: emi CDS 749 3542/CDS 556 2422/
		    CDS 556 1132
		excerpts
		lp: columbia 33CX 1777/SAX 2423
		lp: angel 35645/3754
		lp: emi 1C063 00720
		cd: emi CDM 769 3382/CDM 763 6572/
		    CDM 763 4522/CDM 565 5712/
		    CMS 763 7902/CZS 252 1592
		*CDS 556 1132 described as original mono
		edition with some different takes*

salzburg 26 july 1960	vpo vienna opera chorus della casa jurinac güden zampieri edelmann kunz	cd: arkadia CDKAR 213 cd: gala GL 100.606 cd: dg 453 2002 *excerpts* cd: arkadia CDKAR 227 cd: gala GL 100.513 *opening opera performance in salzburg grosses festspielhaus*

der rosenkavalier/continued

salzburg 6 august 1960	vpo vienna opera chorus schwarzkopf jurinac rothenberger zampieri edelmann poell	unpublished radio broadcast
salzburg august 1960	vpo vienna opera chorus schwarzkopf jurinac rothenberger zampieri edelmann kunz	vhs video: rank 7015E vhs video: gig 555.019 *previous issues on laserdisc in japan* *of this film version by paul czinner*
salzburg 31 july 1963	vpo vienna opera chorus schwarzkopf jurinac rothenberger romani edelmann dönch	lp: movimento musica 04.004 lp: discocorp RR 659 *also unpublished video recording* *of rehearsal extracts*
salzburg 1 august 1964	vpo vienna opera chorus schwarzkopf jurinac rothenberger lorenzi edelmann ferenz	cd: arkadia CDKAR 227

der rosenkavalier/concluded

vienna 22 november- 4 december 1982	vpo vienna opera concert chorus tomowa-sintov baltsa perry cole moll hornik	lp: dg 413 1631 cd: dg 413 1632/423 8502 *excerpts* lp: dg 415 2841 cd: dg 415 2842/457 6892 *recording completed in may 1983 and january 1984*
salzburg 26 july 1983	vpo vienna opera concert chorus tomowa-sintov baltsa perry cole moll hornik	unpublished radio broadcast
salzburg 31 july 1984	vpo vienna opera concert chorus tomowa-sintov baltsa perry cole moll hornik	vhs video: sony S2HV 48313 laserdisc: sony S2LV 48313

der rosenkavalier, orchestral suite no 1

london   philharmonia   columbia unpublished
18 january
1958

der rosenkavalier, excerpt (kann mich auch an ein mädel erinnern)

vienna   vpo   78: columbia LX 1168
15-16   konetzni   78: columbia (austria) LVX 45
november   cd: preiser 90078/90345
1947   cd: emi CDM 566 3942/CMS 566 4832
                                      cd: rca/bmg 74321 694272/74321 694282
                                      cd: dutton CDLX 7034

der rosenkavalier, excerpt (quinquin, er soll jetzt geh'n!)

vienna   vpo   78: columbia LX 1168
15-16   konetzni   78: columbia (austria) LVX 45
november   cd: preiser 90078
1947   cd: emi CDM 566 3942/CMS 566 4832
                                      cd: dutton CDLX 7034

der rosenkavalier, excerpt (mir ist die ehre widerfahren)

vienna   vpo   78: columbia LX 1225-1226
8-12   seefried   lp: columbia (usa) ML 2126
december   schwarzkopf   lp: world records SH 286
1947   lp: emi RLS 763/RLS 7714/154 6133/
                                          1C151 43160-43163M/
                                          1C137 54370-54373M
                                      cd: emi CDH 769 7932/CDM 566 3942/
                                          CMS 566 4832

salome

vienna 9-20 may 1977	vpo behrens baltsa böhm ochman van dam	lp: emi SLS 5139/1C165 02908-02909/ 2C167 02908-02909 lp: angel 3848 cd: emi CDS 749 3582/CMS 567 0802 *recording completed on 2 may 1978*
salzburg 26 july 1977	vpo behrens baltsa böhm ochman van dam	unpublished radio broadcast
salzburg 16 august 1978	vpo behrens baltsa böhm ochman van dam	unpublished radio broadcast

salome, orchestral interlude and closing scene

vienna 22-24 november 1948	vpo welitsch schuster witt	lp: world records SH 286 cd: emi CDM 566 3942/CMS 566 4832 *excerpts* cd: polyhymnia 21212 cd: emi CZS 569 7432 *all issues of this unpublished columbia 78rpm recording omit the section "öffne deine augen....geheimnisvolle musik" as the matrix for this side was damaged*

dance of the 7 veils/salome

amsterdam 14 september 1943	concertgebouw orchestra	78: grammophon 68126 cd: dg 423 5272/423 5252 cd: mazur INF 982-984 cd: grammofono AB 78026-78031

vienna
september
1960
	vpo	lp:decca LXT5620/SXL 2261/ADD 211/
		    SDD 211/LXT 6282-6284/
		    SXL 6282-6284
		lp: london (usa) CM 9280/CS 6211
		cd: decca 417 7882/448 0422/448 5822

berlin 7 december 1972- 8 january 1973	bpo	lp: dg 2530 349/2740 111/415 8531 cd: dg 415 8532/423 2222/423 5552/ 447 4412/463 4962

4 letzte lieder

london 20 june 1956	philharmonia schwarzkopf	cd: emi CDM 763 6552/CMS 763 7902
salzburg 15 august 1964	bpo schwarzkopf	cd: paragon PCD 84008 cd: nuova era NE 2251-2252 cd: virtuoso 269.7152
berlin 13-14 february 1973	bpo janowitz	lp: dg 2530 368 cd: dg 423 8882/439 4672/447 4222
berlin 30 december 1980	bpo tomowa-sintov	unpublished radio broadcast
salzburg 6-11 april 1982	bpo tomowa-sintov	unpublished radio broadcasts *two separate performances*
berlin 18-20 november 1985	bpo tomowa-sintov	lp: dg 419 1881 cd: dg 419 1882/445 6002 *also unpublished telemondial video recording*

die heiligen 3 könige aus mohrenland

berlin 18-20 november 1985	bpo tomowa-sintov	lp: dg 419 1881 cd: dg 419 1882/445 6002 *also unpublished telemondial video recording*

eine alpensinfonie

berlin 1-3 december 1980	bpo	lp: dg 2532 015 cd: dg 400 0392/439 0172
berlin 30 december 1981	bpo	unpublished radio broadcast
salzburg 6-11 april 1982	bpo	unpublished radio broadcasts *two separate performances*
salzburg 28 august 1982	bpo	cd: live classics best (japan) LCB 143
berlin 20 november 1983	bpo	vhs video: sony SHV 46400 laserdisc: sony SLV 46400
salzburg 28 march 1988	bpo	unpublished radio broadcast

also sprach zarathustra

vienna 23 march- 9 april 1959	vpo	lp:decca LXT5524/SXL 2154/ADD 175/ SDD 175/JB 27 lp: london (usa) LLP 3130/CM 9235/ CS 6219/STS 15083/JL 41017 cd: decca 417 7202/433 3302/433 3392/ 440 2772/448 0422/448 5882
vienna 21 june 1964	vpo	unpublished radio broadcast
salzburg 30 august 1964	vpo	unpublished radio broadcast
salzburg 12 august 1970	bpo	cd: arkadia CD 587
berlin 26 january- 6 march 1973	bpo	lp: dg 2530 402/2543 061/2720 112/ 2740 111/2740 261/415 8531 cd: dg 415 8532/447 4412
berlin 25 september 1975	bpo	unpublished radio broadcast
salzburg 12 april 1976	bpo	unpublished radio broadcast
salzburg 28 may 1977	bpo	cd: live classics best (japan) LCB 129 *orchestra incorrectly described as vpo*
london 18 june 1979	bpo	unpublished radio broadcast
salzburg 27 august 1979	bpo	unpublished radio broadcast

also sprach zarathustra/concluded

berlin 29-30 september 1983	bpo	lp: dg 410 9591 cd: dg 410 9592/439 0162
salzburg 16 april 1984	bpo	unpublished radio broadcast
salzburg 27 may 1985	bpo	unpublished radio broadcast
berlin 1 may 1987	bpo	vhs video: sony SHV 46388 laserdisc: sony SLV 46388

don juan

amsterdam 16-17 september 1943	concertgebouw orchestra	78: grammophon 68127-68129 lp: decca (usa) DL 9529 cd: dg 423 5272/423 5252 cd: mazur INF 982-984 cd: grammofono AB 78026-78031
london 3 december 1951	philharmonia	78: columbia LX 8920-8921 78: columbia (italy) GQX 8039-8040 lp: columbia 33CX 1001 lp: columbia (france) 33FCX 159 lp: columbia (italy) 33QCX 159 lp: columbia (germany) C 70425/ 33WC 528 lp: columbia (austria) 33VCX 532 lp: toshiba EAC 37020-37038 lp: emi RLS 7715/1C137 54364-54367M cd: emi CMS 763 3162
turin 31 october 1954	philharmonia	cd: arkadia CD 587 *recorded during european tour by philharmonia orchestra but incorrectly described by arkadia as berlin may 1952*
tokyo 3 november 1957	bpo	laserdisc (japan) TED 703/TES 162/ DMLB 32 *recording incomplete*

vienna
6-9
january
1960
	vpo	lp: decca LXT 5629/SXL 2269/
		    SPA 119/JB 27
		lp: london (usa) CM 9280/CS 6211/
		    JL 41017
		cd: decca 417 7202/417 7882/440 2772/
		    448 0422/448 5822
		recording completed in june 1960

berlin
7 december
1972-
8 january
1973
	bpo	lp: dg 2530 349/2543 060/2720 112/
		    2740 111/410 8391
		cd: dg 423 2222/423 5552/
		    429 7172/447 4412

don juan/concluded

salzburg 29 may 1977	bpo	cd: live classics best (japan) LCB 129 *orchestra incorrectly described as vpo*
berlin 18-19 february 1983	bpo	lp: dg 410 9591 cd: dg 410 9592/439 0162 *recording completed in november 1983*
osaka 18 october 1984	bpo	laserdisc: sony SLV 53484 *issued only in japan*
tokyo 21 october 1984	bpo	unpublished radio broadcast

don quixote

vienna 21 june 1964	vpo fournier	unpublished radio broadcast
salzburg 30 august 1964	vpo fournier	unpublished radio broadcast
berlin 27-30 december 1965	bpo fournier	lp: dg LPM 39 009/SLPM 139 009/ 2535 195/2740 111 cd: dg 429 1842/457 7252

berlin
3-8
january
1975
	bpo
	rostropovich
		lp: emi ASD 3118/1C065 02641/
		    2C069 02641/3C065 02641
		    EX 29 13311/1C137 54360-54363
		lp: angel 37057
		cd: emi CDC 747 3082/CDM 566 1062

berlin 5-11 january 1975	bpo rostropovich	vhs video: dg 072 1043 laserdisc: dg 072 1041
salzburg 27 august 1975	bpo rostropovich	unpublished radio broadcast
paris 24 june 1978	bpo rostropovich	unpublished video recording *finale only*
berlin 30 december 1980	bpo rostropovich	unpublished radio broadcast
berlin 25 january 1986	bpo meneses	unpublished radio broadcast *furtwängler centenary concert*
berlin january 1986	bpo meneses	lp: dg 419 5991 cd: dg 419 5992/439 0272 laserdisc: sony SLV 46389
salzburg 19 may 1986	bpo meneses	unpublished radio broadcast
salzburg 12-14 april 1987	bpo meneses	unpublished radio broadcasts *two separate performances; 12 april is rehearsal performance with karajan's commentary*

ein heldenleben

new york 15 november 1958	new york philharmonic	unpublished radio broadcast
berlin 2-4 march 1959	bpo	lp: dg LPM 18 550/SLPM 138 025/ 2535 194/2740 111 cd: dg 429 7172/449 7252
los angeles 2 july 1959	los angeles philharmonic	unpublished radio broadcast
edinburgh 26 august 1961	bpo	unpublished radio broadcast
salzburg 15 august 1964	bpo	cd: paragon PCD 84008 cd: virtuoso 269.7052
florence 15 may 1967	bpo	cd: nuova era NE 2282-2283/ NE 2399-2404
moscow 30 may 1969	bpo	lp: melodiya C10 21423 000 cd: jupiter (italy) 2111.9205
salzburg 4 april 1971	bpo	cd: live classics best (japan) LCB 129
london 16 may 1972	bpo	unpublished radio broadcast

berlin
23-28
may
1974
	bpo	lp: emi ASD 3126/EG 29 08521/
		    1C065 02577/2C069 02577/
		    3C065 02577
		lp: angel 37060
		cd: emi CDM 769 0272/CDM 566 1082
		excerpts
		cd: emi HVKBPO 1

ein heldenleben/concluded

salzburg 27 august 1974	bpo	unpublished radio broadcast
new york 11 november 1974	bpo	unpublished radio broadcast
london 12 may 1976	bpo	unpublished radio broadcast
salzburg 30 may 1977	bpo	unpublished radio broadcast
salzburg 14 april 1981	bpo	unpublished radio broadcast
berlin 18-20 february 1985	bpo	lp: dg 415 5081 cd: dg 415 5082/439 0392 laserdisc: sony SLV 46390
berlin 23 february 1985	bpo	unpublished radio broadcast
salzburg 31 march 1985	bpo	unpublished radio broadcast
london 27 april 1985	bpo	unpublished radio broadcast
paris 28 april 1985	bpo	unpublished radio broadcast
salzburg 23 may 1988	bpo	unpublished radio broadcast

metamorphosen

vienna
20 october-
6 november
1947
	vpo	78: columbia LX 1082-1086/
		    LX 8606-8609 auto
		78: columbia (austria) LVX 64-67
		lp: toshiba EAC 30109
		lp: emi RLS 7714/1C137 54370-54373M/
		    2C153 03200-03205M
		cd: emi CDM 566 3902/CMS 763 3262/
		    CMS 566 4832
		cd: memoir classics CDMOIR 448
		first gramophone recording of the work

st moritz 18-24 august 1969	bpo	lp: dg 2530 066/2740 111 cd: dg 423 8882/447 4222
berlin 25 september 1975	bpo	unpublished radio broadcast
berlin 25 september 1980	bpo	lp: dg 2532 074 cd: dg 410 8922/445 6002
oxford 28 may 1981	bpo	unpublished radio broadcast
salzburg 27 august 1981	bpo	unpublished radio broadcast
berlin 25 november 1984	bpo	vhs video: sony SHV 45984 laserdisc: sony SLV 45984

sinfonia domestica

berlin 7 january 1973	bpo	unpublished radio broadcast
berlin 15 february 1973	bpo	unpublished radio broadcast
paris 23-25 june 1973	bpo	lp: emi ASD 2955/1C065 02445/ 2C069 02445/3C065 02445 lp: angel 36973 cd: emi CDM 769 5712/CDM 566 1072
salzburg 9 april 1974	bpo	unpublished radio broadcast

till eulenspiegels lustige streiche

london
4 december
1951
	philharmonia	78: columbia LX 8908-8909
		78: columbia (italy) GQX 8037-8038
		78: columbia (austria) LVX 173-174
		lp: columbia 33CX 1001
		lp: columbia (france) 33FCX 159
		lp: columbia (italy) 33QCX 159
		lp: columbia (germany) C 70425/
		   33WC 528
		lp: toshiba EAC 37020-37038
		lp: emi 2M055 43228/RLS 7715/
		   1C137 54364-54367M
		cd: emi CMS 763 3162

washington 27 february 1955	bpo	lp: cetra LO 506 lp: foyer FO 1034

vienna
22-30
june
1960
	vpo	lp: decca LXT5620/SXL2261/ADD 211/
		   SDD 211/HZT 501/JB 27
		lp: london (usa) CM 9280/CS 6211/
		   JL 41017
		cd: decca 417 7222/440 2772/
		   448 0422/448 5822

berlin
7 december
1972-
8 january
1973
	bpo	lp: dg 2530 349/2543 060/2720 111/
		   2740 111/410 8391/415 8531
		cd: dg 415 8532/423 2222/423 5552/
		   447 4222/447 4412

salzburg 29 may 1977	bpo	cd: live classics best (japan) LCB 129 *orchestra incorrectly described as vpo*
paris 23 june 1979	bpo	unpublished video recording
berlin june 1986	bpo	lp: dg 419 5991 cd: dg 419 5992/439 0272 *also unpublished telemondial video recording*

tod und verklärung

turin 27 february 1953	rai torino orchestra	unpublished radio broadcast
london 2-3 july 1953	philharmonia	lp: emi 2M055 43228/RLS 7715/ 　　1C137 54364-54367M cd: emi CMS 763 3162
turin 16 december 1955	rai torino orchestra	unpublished radio broadcast
vienna 22-30 june 1960	vpo	lp: decca LXT 5620/SXL 2261/ 　　ADD 211/SDD 211 lp: london (usa) CM 9278/CS 6209 cd: decca 417 7202/448 0422 *recording completed in september 1960*
berlin 4 november 1972- 26 january 1973	bpo	lp: dg 2530 368/2740 111/410 8391 cd: dg 423 2222/423 5552/429 1842
berlin january 1982	bpo	lp: dg 2532 074 cd: dg 410 8922/447 4222
berlin 25 november 1984	bpo	vhs video: sony SHV 45984 laserdisc: sony SLV 45984

cd of this work issued by live classics best (japan) LCB 129, described as karajan and vpo in 1975, cannot be identified: karajan did not conduct vpo at that time

horn concerto no 2

berlin 8 march 1973	bpo hauptmann	lp: dg 2530 439/2543 059/2720 112 cd: dg 457 7252

oboe concerto

salzburg 15 august 1964	bpo koch	unpublished radio broadcast
berlin 20-22 september 1969	bpo koch	lp: dg 2530 439/2543 059/2720 112 cd: dg 423 8882

IGOR STRAVINSKY (1882-1971)

le sacre du printemps

berlin 17 october 1963- 10 february 1964	bpo	lp: dg LPM 18 920/SLPM 138 920 cd: dg 423 2142/423 5552/429 1622
milan 31 may 1971	bpo	unpublished radio broadcast
berlin 25 september 1971	bpo	unpublished radio broadcast
london 15 may 1972	bpo	unpublished radio broadcast
lucerne 31 august 1972	bpo	unpublished radio broadcast
berlin 3-4 december 1975	bpo	dg unpublished *recording completed in december 1976*
berlin 30 january 1977	bpo	lp: dg 2530 884/2543 064/2720 112 cd: dg 415 9792/463 6132
salzburg 27 august 1978	bpo	unpublished radio broadcast
lucerne 31 august 1978	bpo	unpublished radio broadcast

apollon musagète

berlin 26 september 1970	bpo	unpublished radio broadcast
milan 31 may 1971	bpo	unpublished radio broadcast
salzburg 26 march 1972	bpo	unpublished radio broadcast
st moritz 23 august 1972	bpo	lp: dg 2530 066/2542 134 cd: dg 415 9792
salzburg 28 august 1979	bpo	unpublished radio broadcast
vienna 17 may 1980	bpo	unpublished radio broadcast
berlin 6 december 1980	bpo	unpublished radio broadcast
berlin december 1980	bpo	unpublished video recording
salzburg 28 august 1982	bpo	unpublished radio broadcast
lucerne 1 september 1982	bpo	unpublished radio broadcast

circus polka

berlin 14 april 1970	bpo	lp: dg 2530 267 cd dg 439 4632

concerto in d

st moritz 21-23 august 1969	bpo	lp: dg 2530 267 cd: dg 423 2522/447 4352

jeu de cartes

london 3-5 may 1952	philharmonia	lp: columbia (france) 33FCX 163 lp: columbia (italy) 33QCX 163 lp: toshiba EAC 37020-37038 lp: emi XLP 60003 cd: emi CMS 763 3162/CDM 566 6012

oedipus rex

rome 20 december 1952	rai roma orchestra and chorus laszlo gedda petri	cd: datum DAT 12311

symphony in c

edinburgh 26 august 1961	bpo	unpublished radio broadcast
berlin 30 december 1969	bpo	lp: dg 2530 267/2543 065/2720 112 cd: dg 423 2522
berlin 26 september 1972	bpo	unpublished radio broadcast

symphony in 3 movements

turin	rai torino	unpublished radio broadcast
16 december	orchestra	
1955		

symphony of psalms

salzburg	bpo	unpublished radio broadcast
28 august	vienna opera	
1974	chorus	

berlin	bpo	lp: dg 2531 048
20-21	deutsche oper	cd: dg 423 2522
february	chorus	
1975		

FRANZ VON SUPPE (1819-1895)

banditenstreiche, overture

berlin	bpo	lp: dg 2530 051/2543 533/2726 525
24-26		cd: dg 435 7122/445 2862
september		
1969		

dichter und bauer, overture

berlin	bpo	lp: dg 2530 051/2535 629/2543 533/
24-26		2721 198/2726 525
september		cd: dg 415 3772/435 7122
1969		

leichte kavallerie, overture

london
8-9
july
1955
	philharmonia	45: columbia SEL 1557
		45: columbia (italy) SEBQ 162
		lp: columbia 33CX 1335
		lp: columbia (france) 33FCX 512/
		    33FCX 30103
		lp: columbia (italy) 33QCX 10198
		lp: columbia (germany) C 80464/
		    33WSX 528
		lp: angel 35327
		lp: toshiba EAC 37020-37038

london
21 september
1960
	philharmonia	45: columbia (germany) C 41132/
		    SMC 41132/SEGW 7909
		lp: columbia 33CX 1758/SAX 2404
		lp: columbia (france) 33FCX 894/
		    SAXF 216/CVD 2073
		lp: angel 35926/37931
		lp: world records T 838/ST 838
		lp: emi SLS 839/CFP 40368/
		    1C177 02348-02352/1C037 00765/
		    1C137 03059-03060/2C053 00703/
		    143 5643
		cd: emi CDM 769 4662/CZS 252 1592
		cd: royal classics ROY 6474
		cd: disky HR 700062

berlin 24-26 september 1969	bpo	lp: dg 2530 051/2535 310/2535 629/ 2543 533/2726 525 cd: dg 415 3772/419 7352/435 7122
berlin 1 january 1972	bpo	unpublished radio broadcast
berlin 31 december 1978	bpo	vhs video: dg 072 1833 laserdisc: dg 072 1831

ein morgen ein mittag ein abend in wien, overture

berlin bpo lp: dg 2530 051
24-26 cd: dg 415 3772/435 7122
september
1969

pique dame, overture

berlin bpo lp: dg 2530 051/2535 629
24-26 cd: dg 435 7122/445 2862
september
1969

die schöne galathea, overture

berlin bpo lp: dg 2530 051/2543 533/2726 525
24-26 cd: dg 435 7122/445 2862
september
1969

HEINRICH SUTERMEISTER (1910-1995)

requiem mass

rome	rai roma	unpublished radio broadcast
21 december	orchestra	
1953	and chorus	
	schwarzkopf	
	tadeo	

PIOTR TCHAIKOVSKY (1840-1893)

symphony no 1 "winter dreams"

berlin december 1977- february 1979	bpo	lp: dg 2531 284/2720 104/ 2740 219/415 0241 cd: dg 419 1762/423 5042/429 6752/ 429 6772/431 6062

symphony no 2 "little russian"

berlin december 1977- february 1979	bpo	lp: dg 2531 285/2720 104/ 2740 219/415 0241 cd: dg 419 1772/423 5042/ 429 6752/429 6772

symphony no 3 "polish"

berlin december 1977- february 1979	bpo	lp: dg 2531 286/2720 104/ 2740 219/415 0241 cd: dg 419 1782/423 5042/429 6752/ 429 6772/431 6052

symphony no 4

london 4-16 july 1953	philharmonia	lp: columbia 33CX 1139 lp: columbia (france) 33FCX 274 lp: columbia (italy) 33QCX 10106 lp: angel 35099 lp: toshiba EAC 37020-37038 cd: emi CMS 763 4602
turin 31 october 1954	philharmonia	unpublished radio broadcast *recorded during tour of europe by* *philharmonia orchestra*
vienna 17 november 1954	vso	cd: orfeo C275 921B

berlin
29 february-
1 march
1960
	bpo	lp: columbia 33CX 1704/SAX 2357
		lp: columbia (italy) 33QCX 10398/
		    SAXQ 7295
		lp: columbia (germany) C 91068/
		    STC 91068/33WCX 522/SAXW 9507
		lp: angel 35885
		lp: world records T 872/ST 872
		lp: emi SXLP 30433/1C037 00648/
		    1C053 00648/2C053 01413/
		    3C053 00648
		cd: emi CMS 769 8832

berlin 7-15 october 1966	bpo	lp: dg SKL 922-928/139 017/2535 340/ 2721051/2725 005/2740 126/413 4841 cd: dg 445 1952
edinburgh 3 september 1967	bpo	unpublished radio broadcast

berlin
16-21
september
1971
	bpo	lp: emi SLS 833/ASD 2814/
		    1C195 02305-02307/1C065 02305/
		    2C167 02305-02307/3C065 02305
		lp: angel 36884
		cd: toshiba (japan) TOCE 1506

berlin december 1973	bpo	vhs video: dg 072 1403 laserdisc: dg 072 1401

symphony no 4/concluded

salzburg 7 june 1976	bpo	unpublished radio broadcast
berlin 9-10 december 1976	bpo	lp: dg 2530 883/2720 104/2740 219 cd: dg 419 8722/423 5042/429 6752/ 429 6772/453 0882
salzburg 31 march 1980	bpo	unpublished radio broadcast
vienna september 1984	vpo	lp: dg 415 3481 cd: dg 415 3482/435 3562/439 0182 vhs video: sony SHV 48309 laserdisc: sony SLV 48309
salzburg 15 august 1985	vpo	unpublished radio broadcast

symphony no 5

london 1 may 1952- 19 june 1953	philharmonia	lp: columbia 33CX 1133 lp: columbia (italy) 33QCX 10098 lp: columbia (germany) C 90347/ 33WCX 1133 lp: angel 35055 lp: toshiba EAC 37020-37038 cd: emi CMS 763 4602
turin 27 february 1953	rai torino orchestra	lp: cetra LAR 46 cd: cetra ARCD 2054
berlin 22 september- 8 november 1965	bpo	lp: dg SKL 922-928/139 018/2542 108/ 2726 009/2740 126 cd: dg 445 0262
berlin 2 february 1969	bpo	cd: nuova era NE 2399-2404 cd: natise HVK 103

berlin
16-21
september
1971
	bpo	lp: emi SLS 833/ASD 2815/
		    1C195 02305-02307/1C065 02306/
		    2C167 02305-02307/3C065 02306
		lp: angel 36885
		cd: emi CMS 769 8832/CDM 769 2532

berlin may 1973	bpo	vhs video: dg 072 1403 laserdisc: dg 072 1401
berlin 8 september 1973	bpo	unpublished radio broadcast
salzburg 8 april 1974	bpo	unpublished radio broadcast

berlin
22 october
1975
	bpo	lp: dg 2530 699/2543 048/2720 104/
		    2720 112/2740 219/419 0661
		cd: dg 419 0662/423 5042/429 6752/
		    429 6772/453 0882 .

salzburg 5 june 1976	bpo	unpublished radio broadcast

symphony no 5/concluded

tokyo 18 october 1979	bpo	unpublished radio broadcast
berlin 27 february 1983	bpo	unpublished radio broadcast
vienna 13-22 march 1984	vpo	lp: dg 415 0941 cd: dg 415 0942/435 3562/439 0192 vhs video: sony SHV 48310 laserdisc: sony SLV 48310

symphony no 6 "pathétique"

berlin 15 april 1939	bpo	78: grammophon 67499-67505 lp: top classic TC 9055 cd: dg 423 5302/423 5252 cd: grammofono AB 78026-78031

vienna
4-8
november
1948
	vpo	78: columbia LX 1234-1239/
		    LX 8699-8704 auto
		78: columbia (austria) LVX 87-92
		lp: columbia 33CX 1026
		lp: columbia (france) 33FCX 105
		lp: columbia (germany) C 90302/
		    33WCX 1026
		lp: columbia (usa) ML 4299
		lp: toshiba EAC 30105
		lp: emi 2C153 03200-03205M
		cd: emi CDM 566 3922/CMS 566 4832
		cd: grammofono AB 78792
		recording completed on 15 january 1949;
		this recording was also published
		unofficially in a number of lp and cd
		editions with the incorrect attribution
		of 1950

turin 15 february 1954	rai torino orchestra	unpublished radio broadcast
tokyo 21 april 1954	nhk symphony orchestra	cd: dg (japan) POCG 10175
london 17-22 may 1955	philharmonia	lp: columbia 33CX 1377 lp: columbia (france) 33FCX 576 lp: toshiba EAC 37020-37038 lp: emi SXLP 30534/1C037 00935 cd: emi CMS 763 4602/CZS 252 1432 *recording completed on 18 june 1956*

berlin
11-12
february
1964
	bpo	lp: dg LPM 18 921/SLPM 138 921/
		    SKL 922-928/2535 341/2726 009/
		    2726 514/2740 126
		cd: dg 423 2232/423 5552

vienna 4-5 april 1964	vpo	unpublished radio broadcast

symphony no 6/continued

berlin
16-21
september
1971
	bpo	lp: emi SLS 833/ASD 2816/
		   1C195 03205-03207/1C065 03207/
		   2C167 03205-03207/2C069 03207/
		   3C065 03207
		lp: angel 36886
		cd: emi CDM 769 0432/CMS 769 8832

lucerne 31 august 1973	bpo	unpublished radio broadcast
berlin december 1973	bpo	vhs video: dg 072 1413 laserdisc: dg 072 1411
salzburg 28 august 1974	bpo	unpublished radio broadcast

berlin
5-7
may
1976
	bpo	lp: dg 2530 774/2543 049/2720 104/
		   2720 112/2740 219/419 4851
		cd: dg 419 4862/423 5042/429 6752/
		   429 6772/453 0882

salzburg 6 june 1976	bpo	unpublished radio broadcast
salzburg 28 august 1979	bpo	unpublished radio broadcast

symphony no 6/concluded

berlin   bpo   unpublished radio broadcast
27 december
1980

berlin   bpo   unpublished radio broadcast
1 january
1981

salzburg   bpo   unpublished radio broadcast
28 august
1981

tokyo   bpo   unpublished radio broadcast
8 november
1981

vienna   vpo   lp: dg 415 0951
10-16   cd: dg 415 0952/435 3562/439 0202
january   vhs video: sony SHV 48311
1984   laserdisc: sony SLV 48311

salzburg   bpo   unpublished radio broadcast
15 april
1984

salzburg   vpo   unpublished radio broadcast
27 august
1984

salzburg   bpo   unpublished radio broadcast
7 june   *recording incomplete*
1987

osaka   bpo   unpublished radio broadcast
29 april
1988

tokyo   bpo   unpublished radio broadcast
2 may
1988

piano concerto no 1

vienna
24-26
september
1962
	vso
	richter
		lp: dg LPM 18 822/SLPM 138 882/
		    SKL 922-928/2726 506/
		    2740 126/419 0681
		lp: eterna 826 502
		lp: hungaroton SLPX 12074
		lp: supraphon 110 1313
		lp: melodiya D011275-011276/
		    C0473-0474/CM 04255-04256/
		    C10 04255 000
		cd: dg 419 0682/429 9182/447 4202

berlin april 1967	bpo weissenberg	vhs video: dg 072 1413 laserdisc: dg 072 1411
paris february 1970	orchestre de paris weissenberg	lp: emi ASD 2576/1C065 02044/ 2C069 02044/3C065 02044 lp: angel 36755 cd: emi CDM 769 3812
berlin september 1973	bpo weissenberg	laserdisc (japan) VHM 68052 *issued only in japan*
berlin 17-18 november 1975	bpo berman	lp: dg 2530 677/2543 050/ 2720 112/410 9781 cd: dg 423 2242/423 5552/429 1662
salzburg 5 june 1976	bpo weissenberg	unpublished radio broadcast
berlin 27 january 1979	bpo zeltser	unpublished radio broadcast
berlin 27-31 december 1988	bpo kissin	cd: dg 427 4852
berlin 31 december 1988	bpo kissin	vhs video: sony SHV 45986 laserdisc: sony SLV 45986
salzburg 26 march 1989	bpo kissin	unpublished radio broadcast

violin concerto

berlin
6-8
november
1965
	bpo
	ferras
		lp: dg SKL 922-928/139 038/
		    2543 051/2543 529/2720 112/
		    2726 506/2740 126/2740 137
		cd: dg 423 2242/423 5552/429 1662

salzburg 7 june 1976	bpo hirschhorn	unpublished radio broadcast
salzburg 15 august 1985	vpo mutter	unpublished radio broadcast
salzburg 15 august 1988	vpo mutter	cd: dg 419 2412

rococo variations for cello and orchestra

berlin 24 september 1968	bpo rostropovich	lp: dg 139 044/2543 054/2720 112/ 2726 506/2740 126 cd: dg 413 8192/431 6062/447 4132

ouverture solennelle "1812"

london
17-18
january
1958
	philharmonia	lp: columbia 33CX 1571/SAX 2302
		lp: columbia (france) 33FCX 824/
		    SAXF 160/CVD 2071
		lp: columbia (italy) 33QCX 10359/
		    SAXQ 7260
		lp: columbia (germany) C 70486/
		    STC 70486/SBOW 8518/SHZE 150
		lp: angel 35614/37232
		lp: emi SLS 839/SXDW 3048/
		    1C177 02348-02352/1C053 01413
		cd: emi CDM 769 4662/CZS 252 1592
		cd: royal classics ROY 6474
		cd: disky DCL 705872/HR 700 062

berlin
13 october-
29 december
1966
	bpo
	don cossack
	choir
		lp: dg SKL 922-928/139 029/2538 142/
		    2543 052/2543 532/2720 112/
		    2726 514/2740 126/643 212/
		    415 8551
		cd: dg 415 8552/419 1772/423 2252/
		    423 5552/427 2222/463 6142

romeo and juliet, fantasy overture

vienna
28-31
october
1946
	vpo	78: columbia LX 1033-1035/
		    LCX 105-107/LX 8583-8585 auto
		78: columbia (france) LFX 720-722
		78: columbia (italy) GQX 11184-11186
		lp: toshiba EAC 30112
		cd: emi CDM 566 3922/CHS 764 8552/
		    CMS 566 4832/CMS 763 3262
		cd: grammofono AB 78691

vienna
6-9
january
1960
	vpo	lp: decca LXT 5629/SXL 2269/SPA 119
		lp: london (usa) CM 9278/CS 6209/
		    JL 41021
		cd: decca 417 7222/448 0422/
		    455 4972/460 6552
		recording completed on 22-30 june 1960

berlin
13 october
1966
	bpo	lp: dg SKL 922-928/139 029/2543 532/
		    2725 105/2726 509/2740 126/
		    419 4811
		cd: dg 423 2232/423 5552

salzburg 6 june 1976	bpo	unpublished radio broadcast
berlin 21-28 september 1982	bpo	lp: dg 2561 408/410 8731 cd: dg 410 8732/439 0212
vienna 15 january 1984	vpo	unpublished radio broadcast

serenade for strings

berlin 6 october 1966	bpo	lp: dg SKL 922-928/139 030/2543 052/ 2720 112/2740 125/410 8551 cd: dg 415 8552 *waltz* lp: dg 2538 095
berlin 22-23 september 1980	bpo	lp: dg 2532 012 cd: dg 400 0382/431 6052 *waltz* cd: dg 415 3402

capriccio italien

berlin
13 october
1966
	bpo	lp: dg SKL 922-928/139 028/2543 529
		cd: dg 419 1782/419 8722/423 2252/
		    423 5552/427 2222/445 0262/
		    463 6142

casse noisette, standard ballet suite

london 30 july 1952	philharmonia	lp: columbia 33CX 1033 lp: columbia (france) 33FCX 164/ 33FC 25013 lp: columbia (italy) 33QCX 164 lp: columbia (austria) 33VCX 528 lp: angel 35004 lp: toshiba EAC 37020-37038 cd: emi CMS 763 4602 *excerpts* 78: columbia LX 1599/LX 1602 45: columbia SCB 116 45:columbia (italy) SEDQ682/SCBQ 3059 lp: columbia (france) 33FC 25136

vienna
5-22
september
1961
	vpo	lp: decca LXT 5673/SXL 2308/JB 16/
		    HZT 501/417 2741
		lp: london (usa) CM 9420/CS 6420/
		    JL 41021
		cd: decca 417 7002/448 0422/448 5922/
		    455 4982/466 3792
		excerpts
		45: decca CEP 5515/SEC 5515
		lp: london (usa) STS 15208
		cd: decca 417 7882/466 2642

berlin 13 october- 26 december 1966	bpo	lp: dg SKL 922-928/139 030/2725 105/ 2726 509/2740 126/419 4811 cd: dg 419 1752/423 2252/423 5552 *excerpts* lp: dg 2538 095 cd: dg 415 3402/423 8032
berlin 21-28 september 1982	bpo	lp: dg 2561 408/410 8731 cd: dg 410 8732/439 0212

polonaise and waltz/evgeny onegin

berlin bpo lp: dg 2530 200/415 8551
29 december cd: dg 415 8552/419 1762/
1970- 423 2252/423 5552
6 january
1971

marche slave

berlin bpo lp: dg SKL 922-928/139 029/2543 052/
12 october 2543 532/2720 112/2721 198/
1966 2740 126/419 0661
 cd: dg 419 0662/419 1762/
 423 2252/423 5552

sleeping beauty, standard ballet suite

london
24 november-
1 december
1952
	philharmonia	lp: columbia 33CX 1065
		lp: columbia (france) 33FCX 202/
		   33FCX 30002
		lp: columbia (italy) 33QCX 202
		lp: columbia (germany) C 90319/
		   33WCX 1065
		lp: angel 35006
		lp: toshiba EAC 37020-37038
		cd: emi CMS 763 4602
		cd: priory BL 013
		excerpts
		45: columbia SEL 1532
		45: columbia (italy) SEBQ 132
		lp: columbia (france) 33FC 25136

london
2-3
january
1959
	philharmonia	lp: columbia SAX 2306
		lp: columbia (france) 33FCX 832/
		   SAXF 139/CVC 832
		lp: columbia (italy) SAXQ 7297
		lp: columbia (netherlands) SGHX 10507
		lp: angel 35740
		lp: emi SLS 839/SXLP 30200/
		   EMX 41 220671/1C063 00409/
		   2C053 00409/2C059 00409/
		   3C053 00409/1C177 02348-02352
		cd: emi CDZ 252 1432
		also published on lp by longanesi
		excerpts
		lp: columbia (germany) SHZE 216
		lp: emi 1C137 03059-03060/
		   2C053 00726

vienna
19 march
1965
	vpo	lp: decca LXT 6187/SXL 6187/
		   JB 35/417 2741
		lp: london (usa) CM 9452/CS 6452/
		   JL 41003
		cd: decca 417 7002/448 0422/448 5922/
		   455 4982/466 3792
		excerpts
		lp: london (usa) STS 15208
		cd: decca 417 7882

berlin 4 january- 17 february 1971	bpo	lp: dg 2530 195/2725 105/ 2726 509/419 4811 cd: dg 419 1752/437 4042/459 4452

swan lake, standard ballet suite

london
24 november-
1 december
1952
	philharmonia	lp: columbia 33CX 1065
		lp: columbia (france) 33FCX 202/
		    33FCX 30002
		lp: columbia (italy) 33QCX 202
		lp: columbia (germany) C 90319/
		    33WCX 1065
		lp: angel 35006
		lp: toshiba EAC 37020-37038
		cd: emi CMS 763 4602
		cd: priory BL 013
		excerpts
		45: columbia SEL 1537
		45: columbia (italy) SCBQ 3059/
		    SEBQ 135/SEDQ 682
		lp: columbia (france) 33FC 25136

london
1-2
january
1959
	philharmonia	lp: columbia SAX 2306
		lp: columbia (france) 33FCX 832/
		    SAXF 139/CVC 832
		lp: columbia (italy) SAXQ 7297
		lp: columbia (netherlands) SGHX 10507
		lp: angel 35740
		lp: emi SLS 839/SXLP 30200/
		    EMX 41 220671/1C063 00409/
		    2C053 00409/2C059 00409/
		    3C053 00409/1C177 02348-02352
		cd: emi CDZ 252 1432
		also published on lp by longanesi
		excerpts
		lp: columbia (germany) SHZE 216
		lp: emi 2C053 00726

vienna
19 march
1965
	vpo	lp: decca LXT 6187/SXL 6187/
		    JB 35/417 2741
		lp: london (usa) CM 9452/CS 6452/
		    JL 41003
		cd: decca 417 7002/448 0422/448 5922/
		    455 4982/466 3792
		excerpts
		lp: london (usa) STS 15208

berlin 4 january- 17 february 1971	bpo	lp: dg 2530 195/2725 105/2726 509 cd: dg 419 1752 *excerpts* cd: dg 419 7352

GEORG PHILIPP TELEMANN (1681-1767)

trumpet concerto in d, arranged by grebe

berlin	bpo	lp: emi ASD 3044/1C065 02544/
28-29	andré	2C069 02544
may		lp: angel 37063
1974		cd: emi CDC 749 2372/CDM 566 9092

WERNER THAERICHEN (born 1921)

paukenkrieg

berlin	bpo	unpublished radio broadcast
25 september	grönroos	
1977	thärichen	
	vogler	

MICHAEL TIPPETT (1905-1998)

a child of our time

turin	rai torino	unpublished radio broadcast
20 february	orchestra	
1953	and chorus	
	schwarzkopf	
	cavelti	
	gedda	
	petri	

GIUSEPPE TORELLI (1658-1709)

concerto op 8 no 6 "christmas concerto"

st moritz	bpo	lp: dg 2530 070/2542 123
19-23		cd: dg 415 0271/419 4131/449 9242
august		
1970		

RALPH VAUGHAN WILLIAMS (1872-1958)

fantasia on a theme of thomas tallis

london 11-23 november 1953	philharmonia	lp: columbia 33CX 1159 lp: columbia (italy) 33QCX 10109 lp: angel 35142 lp: toshiba EAC 37020-37038 lp: emi XLP 60002/1C053 03827M cd: emi CMS 763 4642/CDM 566 6012
naples 27 october 1954	philharmonia	unpublished radio broadcast *recorded during european tour by* *philharmonia orchestra*
turin 31 october 1954	philharmonia	unpublished radio broadcast *recorded during european tour by* *philharmonia orchestra*

GIUSEPPE VERDI (1813-1901)

aida

vienna 3 february 1951	vso wiener singverein martinis rankin fehenberger petri malaspina	cd: arkadia CDKAR 205 *excerpts* cd: natise HVK 109 *this was a concert performance of the opera*

vienna
2-15
september
1959
	vpo
	wiener singverein
	tebaldi
	simionato
	bergonzi
	macneil
	van mill
	corena
		lp: decca LXT 5539-5541/
		   SXL 2167-2169/414 0871
		lp: london (usa) A 4345/OSA 1313
		cd: decca 414 0872/460 9782
		excerpts
		45: decca CEP 676/CEP 700/
		   SEC 5075/SEC 5091
		lp: decca LXT 5597/SXL 2242/GRV 16
		lp: london (usa) OS 25206
		cd: decca 417 7632/452 7332/466 2642

vienna
7-14
may
1979
	vpo
	vienna opera
	chorus
	freni
	baltsa
	carreras
	cappuccilli
	raimondi
		lp: emi SLS 5205/EX 29 08083/
		   1C165 03874-03876/
		   2C167 03874-03876
		lp: angel 3888
		cd: emi CMS 769 3002
		excerpts
		lp: emi 1C027 03903
		cd: emi CDM 763 3372/CDM 769 3382/
		   CZS 252 1592

salzburg 26 july 1979	vpo vienna opera chorus freni horne carreras cappuccilli ghiaurov	unpublished radio broadcast *excerpts* cd: legato SRO 822
salzburg 30 july 1980	vpo vienna opera chorus freni baldani carreras cappuccilli raimondi	unpublished radio broadcast

344
aida, prelude

berlin	bpo	lp: dg 2531 145/2707 090/413 5441
22 september-		cd: dg 423 2182/423 5552/429 1642/
21 october		431 1852/453 0582
1975		

aida, act 2 ballet music

london	philharmonia	lp: columbia 33CX 1327
5 november		lp: columbia (Italy) 33QCX 10192
1954		lp: columbia (germany) C 90484/
		33WCX 1327
		lp: angel 35307
		lp: toshiba EAC 37020-37038
		cd: emi CDM 566 6032
london	philharmonia	lp: columbia 33CX 1774/SAX 2421
21 september		lp: columbia (france) 33FCX 898/
1960		SAXF 210
		lp: columbia (germany) SHZE 216
		lp: angel 35925/37250
		cd: emi CDM 769 0412
berlin	bpo	lp: dg 2530 200/415 8561
29 december		cd: dg 415 8562
1970-		
6 january		
1971		

aida, dance of the priestesses & dance of the moorish slaves

berlin	bpo	lp: dg 2530 200/415 8561
29 december		cd: dg 415 8562
1970-		
6 january		
1971		

alzira, overture

berlin	bpo	lp: dg 2707 090/413 5441
22 september-		cd: dg 453 0582
21 october		
1975		

aroldo, overture

berlin bpo lp: dg 2707 090/413 5441
22 september-   cd: dg 431 1852/453 0582
21 october
1975

attila, prelude

berlin bpo lp: dg 2707 090/413 5441
22 september-   cd: dg 453 0582
21 october
1975

un ballo in maschera

vienna vpo cd: dg 427 6352/449 5882
january- vienna opera *excerpts*
february concert chorus cd: dg 429 4152
1989 barstow
 jo
 quivar
 domingo
 nucci

un ballo in maschera, prelude

berlin bpo lp: dg 2531 145/2707 090/413 5441
22 september-   cd: dg 419 6222/423 2182/423 5552/
21 october   429 1642/453 0582
1975

la battaglia di legnano, overture

berlin bpo lp: dg 2707 090/413 5441
22 september-   cd: dg 419 6222/453 0582
21 october
1975

il corsaro, overture

berlin bpo lp: dg 2531 145/2707 090/413 5441
22 september-   cd: dg 419 6222/431 1852/453 0582
21 october
1975

don carlo

salzburg 26 july 1958	vpo vienna opera chorus jurinac simionato fernandi bastianini siepi zaccaria	lp: err records ERR 119 lp: dei della musica DMV 31-33 lp: cetra LO 72 lp: foyer FO 1029 cd: arkadia CDKAR 220 cd: dg 447 6552 *excerpts* lp: longanesi GML 19 lp: legendary LR 105 lp: melodram MEL 080/MEL 081
salzburg 11 august 1975	vpo vienna opera chorus freni ludwig domingo cappuccilli ghiaurov	unpublished radio broadcast
salzburg 26 july 1976	vpo vienna opera chorus freni cossotto carreras cappuccilli ghiaurov	unpublished radio broadcast
salzburg 4 august 1978	vpo vienna opera chorus freni randova carreras cappuccilli ghiaurov	unpublished radio broadcast

don carlo/concluded

berlin
15-20
september
1978
	bpo
	deutsche oper
	chorus
	freni
	baltsa
	carreras
	ghiaurov
	cappuccilli
	raimondi
		lp: emi SLS 5154/EX 769 3041/
		   1C157 03450-03453/
		   2C167 03450-03453/
		   3C165 03450-03453
		lp: angel 3875
		cd: emi CMS 769 3042
		excerpts
		cd: emi CDM 763 5572/CDM 769 3382/
		   CZS 252 1592

vienna 6 may 1979	vpo vienna opera chorus freni baltsa carreras cappuccilli raimondi	unpublished radio broadcast
vienna 20 may 1979	vpo vienna opera chorus freni baltsa carreras cappuccilli salminen	unpublished radio broadcast
salzburg 31 march 1986	bpo vienna opera concert chorus izzo d'amico baltsa carreras furlanetto cappuccilli salminen	vhs video: sony SHV 48312 laserdisc: sony SLV 48312

don carlo, excerpt (ella giammai m'amo)

london 28 november 1949	philharmonia christoff	78: hmv DB 21007 45: hmv (france) 7RF 262 lp: emi RLS 735/1C147 03335-03337M lp: melodiya M10 42383 000 cd: emi CDH 565 5002/CDM 566 6032

falstaff

london
21-29
june
1956
	philharmonia
	and chorus
	schwarzkopf
	moffo
	merriman
	barbieri
	alva
	gobbi
	panerai
	zaccaria
		lp: columbia 33CX 1410-1412/
		     SAX 2254-2256
		lp: columbia (italy) 33QCX10244-10246
		lp: columbia (germany) C 90524-90526/
		     33WCX 1410-1412
		lp: angel 3552
		lp: emi SLS 5037/SLS 5211/
		     1C165 02125-02127/
		     1C153 00442-00443/
		     2C167 03951-03952/
		     3C153 00442-00443
		cd: emi CDS 749 6682/CMS 567 0832
		excerpts
		lp: columbia 33CX 1939/SAX 2578
		lp: columbia (germany) C 80615/
		     33WSX 368
		lp: emi 1C027 03903/1C063 02209
		cd: emi CDM 769 3382/CZS 252 1592

salzburg 10 august 1957	vpo vienna opera chorus schwarzkopf moffo simionato alva gobbi panerai petri	cd: arkadia CDKAR 226 *excerpts* cd: gala GL 100.508 cd: legato BIM 714

falstaff/concluded

vienna	vpo	lp: philips 6769 060
27-31	vienna opera	cd: philips 412 2632
may	chorus	cd: dg 447 6862
1980	kabaiwanska	*excerpts*
	perry	lp: philips 411 4231
	schmidt	cd: philips 411 4232
	ludwig	
	araiza	
	taddei	
	panerai	
salzburg	vpo	unpublished radio broadcast
26 july	vienna opera	
1981	chorus	
	kabaiwanska	
	perry	
	schmidt	
	ludwig	
	araiza	
	taddei	
	panerai	
salzburg	vpo	vhs video: sony SHV 48422
30 july	vienna opera	laserdisc: sony SL2V 48422
1982	chorus	
	kabaiwanska	
	perry	
	schmidt	
	ludwig	
	araiza	
	taddei	
	panerai	

ernani, prelude

berlin 22 september- 21 october 1975	bpo	lp: dg 2707 090/413 5441 cd: dg 419 6222/431 1852/453 0582

la forza del destino, overture

berlin february 1939	staatskapelle	78: grammophon 67466 cd: dg 423 5312/423 5252 cd: mazur INF 982-984 cd: grammofono AB 78026-78031 cd: sirio SO 53007

berlin
21 january
1975
	bpo	lp: dg 2531 145/2563 555/
		    2707 090/413 5441
		cd: dg 419 6222/423 5312/423 5552/
		    429 1642/453 0582

paris 24 june 1978	bpo	unpublished video recording
berlin 31 december 1978	bpo	vhs video: dg 072 1833/072 1963 laserdisc: dg 072 1831/072 1961

un giorno di regno, overture

berlin 22 september- 21 october 1975	bpo	lp: dg 2707 090/413 5441 cd: dg 453 0582

giovanna d'arco, overture

berlin 22 september- 21 october 1975	bpo	lp: dg 2707 090/413 5441 cd: dg 453 0582

luisa miller, overture

berlin bpo lp: dg 2531 145/2707 090/413 5441
22 september-   cd: dg 419 6222/431 1852/453 0582
21 october
1975

macbeth, prelude

berlin bpo lp: dg 2531 145/2707 090/413 5441
22 september-   cd: dg 419 6222/431 1852/453 0582
21 october
1975

i masnadieri, prelude

berlin bpo lp: dg 2707 090/413 5441
22 september-   cd: dg 419 6222/453 0582
21 october
1975

nabucco, overture

berlin bpo lp: dg 2531 145/2707 090/413 5441
22 september-   cd: dg 419 6222/423 2182/423 5552/
21 october   429 1642/431 1852/453 0582
1975

oberto, overture

berlin bpo lp: dg 2707 090/413 5441
22 september-   cd: dg 453 0582
21 october
1975

otello

vienna 10-21 may 1961	vpo vienna opera chorus tebaldi satre del monaco protti	lp: decca MET 209-211/SET 209-211/ 417 6181 lp: london (usa) A 4352/OSA 1324 cd: decca 411 6182 *excerpts* lp: decca LXT 5863/SXL 2314 *recording included ballet music, which was omitted from cd re-issue*
salzburg 10 august 1970	vpo vienna opera chorus freni malagu vickers glossop	cd: foyer 2CF-2034 *excerpts* cd: natise HVK 109 cd: memories HR 4394-4395
salzburg 12 august 1972	vpo vienna opera chorus freni malagu vickers glossop	unpublished radio broadcast *act 4 only*

berlin
march-
april
1973
	bpo
	deutsche oper
	chorus
	freni
	malagu
	vickers
	glossop
		lp: emi SLS 975/EX 769 3081/
		    1C195 02500-02502/
		    2C167 02500-02502/
		    3C165 02500-02502
		lp: angel 3809
		lp: eterna 826 891-826 893
		cd: emi CMS 769 3082
		vhs video: dg 072 4013
		laserdisc: dg 072 4011
		excerpts
		lp: emi 1C063 02730/3C065 02640
		cd: emi CDM 763 5572/CDM 769 3382/
		    CZS 252 1592
		*film sessions using the recording soundtrack
		took place in april-may 1973*

otello, ballet music

berlin 29 december 1970- 6 january 1971	bpo	lp: dg 2530 200 cd: dg 457 6892

rigoletto, prelude

berlin 22 september- 21 october 1975	bpo	lp: dg 2531 145/2707 096/413 5441 cd: dg 419 6222/431 1852/453 0582

la traviata

milan 17 december 1964	la scala orchestra and chorus freni cioni sereni	cd: paragon PCD 84006-84008 cd: as-disc AS 1015-1016 cd: arkadia CDKAR 229 *excerpts* cd: arkadia CDKAR 230 cd: natise HVK 109 *later sections of the recording are* *drawn from the final dress rehearsal*
milan 22 december 1964	la scala orchestra and chorus moffo cioni sereni	cd: arkadia CDKAR 230 cd: gala GL 100.506 *excerpts* cd: arkadia CDKAR 229

la traviata, act 1 prelude

turin october 1942	eiar turin orchestra	78: grammophon 68156 cd: dg 423 5312/423 5252 cd: mazur INF 982-984 cd: grammofono AB 78026-78031
berlin 22 september- 21 october 1975	bpo	lp: dg 2531 145/2707 090/413 5441 cd: dg 419 6222/423 2182/423 5552/ 429 1642/431 1852/453 0582

354
la traviata, act 3 prelude

turin october 1942	eiar turin orchestra	78: grammophon 68156 cd: dg 423 5312/423 5252 cd: mazur INF 982-984 cd: grammofono AB 78026-78031
london 23 july 1954	philharmonia	45: columbia SEL 1551 45: columbia (italy) SEBQ 152 lp: columbia 33CX 1265 lp: columbia (france) 33FCX 407 lp: columbia (italy) 33QCX 10150 lp: columbia (germany) C 90435/ 33WCX 1265 lp: angel 35207/3554 lp: toshiba EAC 37020-37038 cd: emi CDM 566 6032

london
3 january
1959
	philharmonia	lp: columbia SAX 2294
		lp: columbia (france) 33FCX 830/
		    SAXF 142/CVD 2072
		lp: columbia (italy) 33QCX 10366/
		    SAXQ 7259
		lp: columbia (germany) STC 91065/
		    SAXW 2294
		lp: angel 35793
		lp: emi SLS 5019/1C181 25307-25311/
		    1C137 03059-03060/1C037 00422/
		    1C053 00724/143 5643
		cd: emi CDM 769 4672/CZS 252 1592
		cd: disky HR 700 062

berlin 22-25 september 1967	bpo	lp: dg 139 031/2726 512 cd: dg 419 2572

il trovatore

milan	la scala	lp: columbia 33CX 1483-1485
3-9	orchestra	lp: columbia (france) 33FCX 763-765
august	and chorus	lp: columbia (italy) 33QCX 10267-10269
1956	callas	lp: columbia (germany) C 90561-90563/ 33WCX 1483-1485
	barbieri	lp: angel 3554
	di stefano	lp: emi SLS 869/1C153 00454-00456/ 2C163 00454-00456/ 3C165 00454-00456
	panerai	
	zaccaria	

cd: emi CDS 749 3472/CDS 556 3332
excerpts
45: columbia SEL 1627/SEL 1641/ SEL 1645/SEL 1653/SEL 1671/ SEL 1678/SEL 1789
45: columbia (france) ESBF 17099
45: columbia (italy) SEBQ 223/ SEBQ 232/SCBQ 3045/SCBQ 3047
lp: columbia 33CX 1682
lp: columbia (france) 33FCX 30181
lp: columbia (italy) 33QCX 10441/ 33QCX 10444
lp: columbia (germany) C 80492/ 33WSX 530
lp: angel 36966/3743/3814
lp: emi SLS 856/SLS 5057/SLS 5104/ 1C053 01677M/1C063 03253/ 1C065 00741/1C027 03903M/ 1C191 01433-01434/ 1C191 01593-01594/ 1C187 28985-28986M/ 2C161 01433-01434/ 3C165 01433-01434
cd: emi CDM 763 5572/CDM 566 6692

il trovatore/continued

salzburg
31 july
1962
	vpo
	vienna opera
	chorus
	price
	simionato
	corelli
	bastianini
	zaccaria
		lp: morgan records MOR 6201
		lp: hope records HOPE 247
		lp: cetra ARK 7
		lp: paragon DSV 52025
		lp: historical recording enterprises
		    HRE 287
		lp: movimento musica 03.018
		lp: melodram MEL 710
		cd: movimento musica 012.001
		cd: rodolphe RPC 32482-32483
		cd: arkadia CDKAR 228
		cd: curcio OP 8
		cd: priceless D 20791
		cd: gala GL 100.505
		cd: dg 447 6592
		excerpts
		lp: legendary LR 167
		cd: legato BIM 702
		cd: natise HVK 109
		cd: arkadia CDGI 803
		cd: originals SH 962
		cd: opera viva 1
		cd: memories HR 4396-4397/
		    HR 4400-4401

salzburg 13 august 1963	vpo vienna opera chorus price simionato mccracken bastianini zaccaria	unpublished radio broadcast

il trovatore/concluded

salzburg 6 april 1977	bpo vienna opera chorus price cossotto bonisolli cappuccilli van dam	unpublished radio broadcast
vienna 8 may 1977	vpo vienna opera chorus price ludwig pavarotti cappuccilli van dam	cd: artists' live recordings FED 002-003 *karajan's return to vienna staatsoper*
vienna 15 may 1977	vpo vienna opera chorus price ludwig pavarotti cappuccilli van dam	unpublished radio broadcast

berlin
20-27
september
1977
	bpo
	deutsche oper
	chorus
	price
	obraztsova
	bonisolli
	cappuccilli
	raimondi
		lp: emi SLS 5111/EX 29 09533/
		    1C165 02981-02983/
		    2C167 02981-02983/
		    3C165 02981-02983
		lp: angel 3855
		lp: melodiya C10 11315-11320
		cd: emi CMS 769 3112
		excerpts
		cd:emiCDM7693382/CZS2521592

vienna 1 may 1978	vpo vienna opera chorus kabaiwanska cossotto domingo cappuccilli van dam	cd: rca/bmg 74321 619512/ 74321 619532 *also unpublished video recording*

i vespri siciliani, overture

berlin 22 september- 21 october 1975	bpo	lp: dg 2531 145/2707 090/413 5441 cd: dg 419 6222/423 2182/423 5552/ 431 1852/453 0582

te deum/4 pezzi sacri

rome 20 may 1967	rai roma orchestra and rai roma and rai milano choruses donath	cd: curcio CON 31 cd: arkadia CDKAR 203/CDKAR 226 *concert for pope pius VI*
berlin 22 january 1970	bpo deutsche oper chorus gayer	cd: arkadia CD 722
salzburg 1 april 1980	bpo wiener singverein tomowa-sintov	unpublished radio broadcast

messa da requiem

salzburg 14 august 1949	vpo wiener singverein zadek klose rosvaenge christoff	lp: cetra LO 524 lp: discocorp RR 391 lp: rodolphe RP 12403-12404 lp: dei della musica DMV 34-35 cd: datum DAT 12323
salzburg 21 august 1958	vpo wiener singverein rysanek ludwig zampieri siepi	cd: emi CMS 566 8802
salzburg 9 august 1962	bpo wiener singverein price simionato zampieri ghiaurov	unpublished radio broadcast
milan 8-9 july 1963	la scala orchestra and chorus price cossotto bergonzi ghiaurov	unpublished radio broadcasts *two separate performances*
moscow 25 september 1964	la scala orchestra and chorus price cossotto bergonzi zaccaria	lp: melodiya M10 45785 005 lp: foyer FO 1045 cd: foyer 2CF-2012 *bass soloist incorrectly named as* *ghiaurov*
epidaurus 12 september 1965	bpo wiener singverein scotto ludwig bergonzi zaccaria	unpublished radio broadcast

messa da requiem/continued

milan 16 january 1967	la scala orchestra and chorus price cossotto pavarotti ghiaurov	cd: melodram MEL 28012 cd: curcio CON 31 vhs video: dg 072 1423 laserdisc: dg 072 1421 *excerpts* cd: natise HVK 109
new york 29 november 1968	bpo wiener singverein price cossotto bergonzi ghiaurov	unpublished radio broadcast
salzburg 26 august 1970	vpo wiener singverein janowitz ludwig bergonzi raimondi	cd: doremi DHR 7716 cd: gala GL 100.541
berlin 3-5 january 1972	bpo wiener singverein freni ludwig cossutta ghiaurov	lp: dg 2707 065/413 2151 cd: dg 413 2152/453 0912
salzburg 24 august 1975	vpo wiener singverein freni cossotto domingo ghiaurov	unpublished radio broadcast
salzburg 13 april 1976	bpo wiener singverein caballé cossotto carreras van dam	unpublished radio broadcast

messa da requiem/concluded

new york 16 november 1976	bpo wiener singverein freni cossotto pavarotti van dam	unpublished radio broadcast
salzburg 28 august 1978	bpo wiener singverein freni baltsa carreras ghiaurov	unpublished radio broadcast
tokyo 26 october 1979	bpo wiener singverein freni baltsa lima ghiaurov	unpublished radio broadcast
salzburg 27 august 1980	bpo wiener singverein freni baltsa carreras ghiaurov	unpublished radio broadcast
vienna 10-16 january 1984	vpo wiener singverein sofia opera chorus tomowa-sintov baltsa carreras van dam	lp: dg 415 0911 cd: dg 415 0912/439 0332 laserdisc: sony SLV 53481 *recording completed 5-13 june 1984;* *film sessions took place on 5-13* *june only*
berlin 30 september 1988	bpo wiener singverein varady quivar cole tomlinson	unpublished radio broadcast
salzburg 27 march 1989	bpo wiener singverein tomowa-sintov baltsa cole burchuladze	unpublished radio broadcast *karajan's final public appearance with* *berliner philharmoniker*

ANTONIO VIVALDI (1678-1741)

le 4 stagioni

st moritz 15-21 august 1972	bpo schwalbé	lp: dg 2530 296/2543 018/2720 111/ 2726 513/415 2011/419 4881 cd: dg 415 3012/439 4222 *excerpts* cd: dg 423 8032/427 0492
berlin 7 january 1973	bpo brandis	unpublished radio broadcast
vienna january 1984	vpo mutter	lp: emi EL 27 01021 cd: emi CDC 747 0432 *recording completed in june 1984; karajan's final recording for emi; intended as soundtrack for a filmed version which was not completed*
salzburg 27 august 1984	vpo mutter	unpublished radio broadcast
salzburg 7 june 1987	bpo mutter	unpublished radio broadcast
berlin 28 october 1987	bpo mutter	vhs video: sony SHV 46380 laserdisc: sony SLV 46380 dvd: sony SVD 46380 *opening concert in kammermusiksaal of the berlin philharmonie*

sinfonia in b minor "al santo sepolcro"

st moritz 20-23 august 1970	bpo	lp: dg 2530 094/2726 513/415 0271 cd: dg 423 2262/423 5552/429 1672/ 439 4222/449 8512
berlin 25 september 1971	bpo	unpublished radio broadcast

concerto for strings "alla rustica"

st moritz 20-23 august 1970	bpo	lp: dg 2530 094/2726 513/ 415 0271/419 0461 cd: dg 419 0462/423 2262/423 5552/ 429 1672/439 4222/449 8512

concerto for strings "madrigalesco"

st moritz 20-23 august 1970	bpo	lp: dg 2530 094/2726 513/415 0271 cd: dg 423 2262/423 5552/ 429 1672/449 8512

flute concerto "la notte"

berlin 28-30 september 1983	bpo blau	lp: dg 413 3091 cd: dg 413 3092/423 2262/ 423 5552/429 1672

trumpet concerto in a flat, arranged by thiede

berlin 28-29 may 1974	bpo andré	lp: emi ASD 3044/1C065 02544/ 2C069 02544 lp: angel 37063 cd: emi CDC 749 2372/CDM 566 9092

364
violin concerto in e "l'amoroso"

st moritz	bpo	lp: dg 2530 094/2726 513/
20-23	brandis	415 0271/419 0461
august		cd: dg 419 0462/423 2262/423 5552/
1970		429 1672/439 4222/449 8512

violin concerto in d "l'inquietudine"

st moritz	bpo	lp: dg 2530 094/2726 513/415 0271
20-23	brandis	cd: dg 423 2262/423 5552/
august		429 1672/449 8512
1970		

concerto in a minor for 2 violins

st moritz	bpo	lp: dg 2530 094/2726 513/415 0271
20-23	brandis	cd: dg 423 2262/423 5552/
august	maas	429 1672/449 8512
1970		

RICHARD WAGNER (1813-1883)

der fliegende holländer

berlin	bpo	lp: emi EX 27 00133
december	vienna opera	cd: emi CDS 747 0548/CMS 764 6502
1981	concert chorus	*excerpts*
	vejzovic	cd: emi CDM 763 5572/CDM 763 4492
	borris	*recording completed in salzburg in*
	hofmann	*march 1982 and in berlin in september*
	moser	*1983*
	van dam	
	moll	
salzburg	bpo	unpublished radio broadcasts
3-12	vienna opera	*two separate performances*
april	concert chorus	
1982	ligendza	
	borris	
	goldberg	
	moser	
	van dam	
	moll	
salzburg	bpo	unpublished radio broadcasts
26-30	vienna opera	*two separate performances*
march	concert chorus	
1983	ligendza	
	borris	
	goldberg	
	winbergh	
	van dam	
	moll	

der fliegende holländer, excerpt (summ' und brumm')

vienna	vpo	78: columbia LX 1440
19 november	vienna opera	lp: toshiba EAC 30109
1948	chorus	cd: emi CMS 566 4832
	schuster	

der fliegende holländer, excerpt (steuermann, lass die wacht!)

vienna	vpo	78: columbia LX 1440
2-3	vienna opera	lp: toshiba EAC 30109
november	chorus	cd: emi CMS 566 4832
1949		

der fliegende holländer, overture

berlin
16-19
september
1960
	bpo	lp: columbia 33CX 1791/SAX 2439
		lp: columbia (germany) C 70496/
		    STC 70496/33WC 573/SBOW 8525
		lp: columbia (netherlands) SGHX 10508
		lp: angel 35950
		lp: world records T 639/ST 639
		lp: emi SXLP 30210/EMX 41 20521/
		    1C137 54360-54363/1C053 01143/
		    143 5643
		cd: emi CMS 763 3212/CZS 569 4582

berlin
22 september-
19 october
1974
	bpo	lp: emi ASD 3160/1C065 02604/
		    2C069 02604/3C065 02604
		lp: angel 37098
		lp: emi SXLP 30506/EG 29 04111/
		    1C047 02381
		cd: emi CDM 764 3342/CDM 566 1082/
		    CMS 764 6502/CMS 764 5632

paris 24 june 1978	bpo	unpublished video recording

other versions of fliegende holländer overture included in the complete performances of the opera listed previously

götterdämmerung

bayreuth 15 august 1951	bayreuth festival orchestra and chorus varnay mödl schwarzkopf malaniuk siewert aldenhoff uhde pflanzl weber	columbia unpublished

berlin
11-23
october
1969
	bpo
	deutsche oper
	chorus
	dernesch
	janowitz
	ludwig
	brilioth
	stewart
	kelemen
	ridderbusch
		lp: dg 2716 051/2720 019/2720 051/
		    2740 148/2740 240
		cd: dg 415 1552/435 2112/
		    457 7802/457 7952
		excerpts
		lp: dg 2535 239
		cd: dg 415 2562/429 1682/439 4232/
		    459 0312/459 0692
		*recording completed in december 1969
		and january 1970*

salzburg 30 march 1970	bpo vienna opera chorus dernesch janowitz ludwig thomas stewart kelemen ridderbusch	cd: memories HR 4107-4121/ HR 4118-4121 cd: arkadia CDKAR 223 *excerpts* cd: nuova era NE 2399-2404 cd: natise HVK 107 *arkadia edition incorrectly states that role of siegfried is taken by brilioth*

lohengrin

berlin
8-11
december
1975
	bpo
	deutsche oper
	chorus
	tomowa-sintov
	vejzovic
	kollo
	nimsgern
	kerns
	ridderbusch
		lp: emi SLS 5237/EX 769 3141/
		    1C165 43200-43204/
		    2C165 43200-43204
		lp: angel 3829
		cd: emi CMS 769 3142
		excerpts
		cd: emi CDM 769 3382/CDM 763 5572/
		    CDM 763 4532/CZS 252 1592
		*recording completed in march 1976 and
		may 1981*

salzburg 10 april 1976	bpo vienna opera chorus tomowa-sintov schröder-feinen kollo nimsgern kerns ridderbusch	unpublished radio broadcast
salzburg 14 april 1984	bpo vienna opera chorus tomowa-sintov vejzovic hofmann nimsgern grundheber moll	unpublished radio broadcast

lohengrin, excerpt (treulich geführt)

vienna 19 november 1948	vpo vienna opera chorus	columbia unpublished
vienna 3 november 1949	vpo vienna opera chorus	78: columbia LX 1360 lp: toshiba EAC 30109 cd: emi CMS 566 4832

lohengrin, act 1 prelude

berlin   bpo
16-19
september
1960

lp: columbia 33CX 1791/SAX 2439
lp: columbia (germany) C 70496/
    STC 70496/33WC 573/SBOW 8525
lp: columbia (netherlands) SGHX 10508
lp: angel 35950
lp: world records T 639/ST 639
lp: emi SXLP 30210/EMX 41 20521/
    1C137 54360-54363/143 5643/
    1C053 01143
cd: emi CMS 763 3212

berlin   bpo
22 september-
19 october
1974

lp: emi ASD 3130/1C065 02603/
    2C069 02603/3C065 02603
lp: angel 37097
cd: emi CDM 764 3342/CDM 566 1072/
    CMS 763 4692

lohengrin, act 3 prelude

vienna   vpo
2-3
november
1949

78: columbia LX 1360
lp: toshiba EAC 30109
cd: emi CMS 566 4832

berlin   bpo
22 september-
19 october
1974

lp: emi ASD 3160/1C065 02604/
    2C069 02604/3C065 02604
lp: angel 37098
cd: emi CDM 566 1072/CMS 763 4692

other versions of lohengrin preludes and choruses included in the complete editions of the opera listed previously

die meistersinger von nürnberg

bayreuth
27 july-
21 august
1951
	bayreuth festival
	orchestra
	and chorus
	schwarzkopf
	malaniuk
	hopf
	unger
	edelmann
	dalberg
	kunz
		78: columbia LX 1465-1498/
		    LX 8851-8884 auto
		lp: columbia 33CX 1021-1025
		lp: columbia (france) 33FCX 128-133
		lp: columbia (austria) 33VCX 523-527
		lp: columbia (germany) C 90275-90279/
		    33WCX 501-505
		lp: angel 6030
		lp: emi RLS 7708/RLS 143 3903/
		    1C151 43390-43394M
		cd: emi CHS 763 5002
		excerpts
		78: columbia (austria) LVX 190-191
		lp: emi 1C147 03580-03581M

bayreuth 5 august 1951	bayreuth festival orchestra and chorus schwarzkopf malaniuk hopf unger edelmann dalberg kunz	cd: arkadia CDKAR 224 *this is a single complete performance, whereas the columbia version listed was drawn from the final dress rehearsal on 27 july and 4 further performances during august*

dresden
24 november-
4 december
1970
	dresden
	staatskapelle
	dresden and
	leipzig choruses
	donath
	hesse
	kollo
	schreier
	adam
	ridderbusch
	evans
		lp: emi SLS 957/1C193 02174-02178/
		    1C15702174-02178/2C16502174-02178/
		    3C165 02174-02178/EX 749 6831
		lp: angel 3776
		lp: eterna 826 227-826 232
		cd: emi CDS 749 6832/CMS 567 0862
		excerpts
		lp: emi SEOM 18/1C047 02381/
		    1C063 02233
		lp: eterna 826 265
		cd: emi CDM 763 4552/CDM 769 3382/
		    CZS 252 1592

die meistersinger von nürnberg/concluded

salzburg 7 april 1974	bpo vienna opera and singverein choruses janowitz meyer kollo schreier ridderbusch hendriks leib	unpublished radio broadcast
salzburg 23 march 1975	bpo vienna opera and singverein choruses janowitz meyer kollo schreier ridderbusch lagger leib	unpublished radio broadcast

die meistersinger von nürnberg, excerpts (was duftet doch der flieder; wahn! wahn!)

vienna 28-31 october 1946	vpo hotter	columbia unpublished

die meistersinger von nürnberg, excerpts (da zu dir der heiland kam; wach auf!)

vienna 2-3 november 1949	vpo vienna opera chorus	78: columbia EAC 30109 lp: toshiba EAC 30109 cd: emi CMS 566 4832

die meistersinger von nürnberg, overture

berlin february 1939	staatskapelle	78: grammophon 67532 cd: dg 423 5262/423 5252 cd: mazur INF 982-984 cd: grammofono AB 78026-78031 cd: sirio SO 53007
paris 24 may 1941	staatskapelle	laserdisc (japan) TES 152/LSZS 009191 *concluding bars only; issued only in japan*
berlin 18-19 february 1957	bpo	lp: columbia 33CX 1496 lp: columbia (france) 33FCX 689 lp: columbia (italy) 33QCX 10321 lp: columbia (germany) C 90286/ 33WCX 512 lp: angel 35482 lp: emi 1C137 54360-54363/2C069 02604 cd: emi CMS 763 3212
tokyo 3 november 1957	bpo	unpublished radio broadcast
los angeles 2 july 1959	los angeles philharmonic	unpublished radio broadcast

berlin
22 september-
21 october
1974
	bpo	lp: emi ASD 3160/EG 29 04111/
		    1C065 02604/2C069 02604/
		    3C065 02604
		lp: angel 37098
		cd: emi CDM 769 0192/CDM 764 3342/
		    CDM 566 1062/HVKBPO 1

berlin 1975	bpo	unpublished unitel video recording
berlin 26 september 1976	international youth orchestra	unpublished radio broadcast

die meistersinger von nürnberg, act 3 prelude

berlin april 1939	staatskapelle	78: grammophon 67527 cd: dg 423 5262/423 5252 cd: mazur INF 982-984 cd: grammofono AB 78026-78031
berlin 18-19 february 1984	bpo	lp: dg 413 7541 cd: dg 413 7542/439 0222

other versions of meistersinger overture and act 3 prelude included in the complete editions of the opera listed above

parsifal

vienna 1 april 1961	vpo vienna opera chorus ludwig höngen uhl wächter hotter franc berry	cd: arkadia CDKAR 219 cd: rca/bmg 74321 619502/ 74321 619532 *excerpts* cd: rca/bmg 74321 619522 *arkadia edition and early pressings of* *rca/bmg had opening of this performance* *missing and replaced by a section from* *a 1959 bayreuth performance conducted* *by knappertsbusch*
berlin 4 december 1979- 4 january 1980	bpo deutsche oper chorus vejzovic hofmann nimsgern moll van dam halem	lp: dg 2741 002 cd: dg 413 3472 *excerpts* lp: dg 2532 033 *recording completed april and july 1980*
salzburg 30 march 1980	bpo vienna opera and singverein choruses vejzovic hofmann nimsgern moll van dam halem	unpublished radio broadcast
salzburg 11 april 1981	bpo vienna opera and singverein choruses vejzovic hofmann hornik moll van dam	unpublished radio broadcast

parsifal, prelude

berlin	bpo	lp: emi ASD 3160/SLS 5086/
22 september-		1C065 02604/2C069 02604/
21 october		3C065 02604
1974		lp: angel 37098
		cd: emi CMS 763 4692/CDM 566 1082

parsifal, act 3 prelude

berlin	bpo	lp: emi ASD 3160/1C065 02604/
22 september-		2C069 02604/3C065 02604
21 october		lp: angel 37098
1974		cd: emi CMS 763 4692/CDM 566 1082

other versions of the parsifal preludes included in the complete editions of the work listed previously

das rheingold

bayreuth 11 august 1951	bayreuth festival orchestra malaniuk siewert schwarzkopf kuen fritz windgassen s.björling weber faulhaber	lp: melodram MEL 516 cd: melodram MEL 26107 cd: arkadia CDKAR 216 *excerpts* lp: melodram MEL 088

berlin
6-28
december
1967
	bpo
	veasey
	dominguez
	grobe
	stolze
	wohlfahrt
	fischer-dieskau
	kerns
	kelemen
		lp: dg SKL 104 966-104 968/
		  2709 023/2720 051/
		  2740 145/2740 240
		cd: dg 415 1412/435 2112/
		  457 7802/457 7812
		excerpts
		lp: dg 136 437/2535 239
		cd: dg 415 2562/429 1682/439 4232/
		  457 6892/459 0312/459 0692

salzburg 7 april 1968	bpo veasey dominguez grobe stolze wohlfahrt fischer-dieskau kerns kelemen	cd: memories HR 4107-4121/ HR 4111-4113 cd: arkadia CDKAR 223 *excerpts* cd: nuova era NE 2399-2404 cd: natise HVK 107
new york 22 february 1969	metropolitan opera orchestra reynolds chookasian grobe stolze velis adam milnes kelemen	unpublished radio broadcast *excerpts* cd: arkadia CDKAR 217

das rheingold/concluded

new york 25 february 1969	metropolitan opera orchestra veasey chookasian grobe stolze velis adam milnes kelemen	unpublished radio broadcast *this was not a metropolitan opera matinee broadcast*
salzburg 15 april 1973	bpo fassbänder finnilä esser stolze schreier stewart roar kelemen	unpublished radio broadcast
salzburg april 1973	bpo fassbänder finnilä esser stolze schreier stewart roar kelemen	laserdisc: dg 072 4121 *film sessions for this soundtrack not held until 1978 in munich, with certain cast changes resulting in singers miming to the voices of those on the soundtrack*

siegfried

bayreuth 13 august 1951	bayreuth festival orchestra varnay lipp siewert aldenhoff kuen s.björling pflanzl dalberg	lp: foyer FO 1004 cd: melodram MEL 46106 cd: arkadia CDKAR 209 *excerpts* lp: foyer FO 1034 cd: melodram MEL 27044

berlin
2-12
december
1968
	bpo
	dernesch
	gayer
	dominguez
	thomas
	stolze
	stewart
	kelemen
	ridderbusch
		lp: dg 643 536-643 540/2713 003/
		    2720 051/2740 147/2740 240
		cd: dg 415 1502/435 2112/
		    457 7902/457 7802
		excerpts
		lp: dg 2535 239
		cd: dg 415 2562/429 1682/439 4232/
		    459 0312/459 0692
		recording completed on 3 march 1969

salzburg 30 march 1969	bpo dernesch grist dominguez thomas stolze stewart kelemen ridderbusch	cd: memories HR 4107-4121/ HR 4114-4117 cd: arkadia CDKAR 223

excerpts from a siegfried performance on melodram lp MEL 417 with soloists beirer and klein, thought to be dated april 1962 in vienna and conducted by karajan, is directed by another conductor: vienna staatsoper archive shows no performance with these singers and conductor together

siegfried idyll

berlin 18 february- 9 march 1977	bpo	lp: dg 2543 510/2707 102 cd: dg 419 1962/439 9692/449 7252
salzburg 15 august 1987	vpo	cd: dg 423 6132 *also unpublished video recording*

tannhäuser

vienna 8 january 1963	vpo vienna opera brouwenstijn ludwig janowitz beirer wächter frick	lp: melodram MEL 427 cd: nuova era NE 6307-6309 cd: arkadia CDKAR 204 cd: dg 457 6822

tannhäuser, excerpt (freudig begrüssen wir die edle halle)

vienna 2-3 november 1949	vpo vienna opera chorus	78: columbia LX 1347 78: columbia (france) LFX 1021 78: columbia (italy) GQX 11463 78: columbia (austria) LVX 154 78: columbia (usa) M 15154 lp: toshiba EAC 30109 cd: emi CMS 566 4832

tannhäuser, overture

berlin 7-8 january 1957	bpo	lp: columbia 33CX 1496 lp: columbia (france) 33FCX 689 lp: columbia (italy) 33QCX 10321 lp: columbia (germany) C 90286/ 33WCX 512 lp: angel 35482 lp: emi 1C137 54360-54363/2C069 02603 cd: emi CMS 763 3212
tokyo 27 october 1973	bpo	unpublished radio broadcast *rehearsal fragment only*
berlin january 1975	bpo	vhs video: dg 072 1833/072 1963 laserdisc: dg 072 1831/072 1961
salzburg 15 august 1987	vpo	cd: dg 423 6132 *also unpublished video recording rehearsal excerpts* vhs video: dg 072 1143 laserdisc: dg 072 1141

additional version of tannhäuser overture included in complete performance of opera listed above

tannhäuser, overture and venusberg music

berlin
22 september-
21 october
1974
	bpo
	deutsche oper
	chorus
		lp: emi ASD 3130/EG 29 04111/
		    1C065 02603/2C069 02603/
		    3C065 02603
		lp: angel 37097
		cd: emi CDM 769 0192/CDM 566 1062/
		    CDM 764 3342

berlin 18-19 february 1984	bpo	lp: dg 413 7541 cd: dg 413 7542/439 0222

tannhäuser, venusberg music

london 5 november 1954	philharmonia	lp: columbia 33CX 1335 lp: columbia (italy) 33QCX 10192 lp: columbia (germany) C 90484/ 33WCX 1335 lp: angel 35307 lp: toshiba EAC 37020-37038

london
22-23
september
1960
	philharmonia	lp: columbia 33CX 1774/SAX 2421
		lp: columbia (france) 33FCX 898/
		    SAXF 210
		lp: columbia (italy) 33QCX 10192/
		    SAXQ 7344
		lp: angel 35925

tristan und isolde

bayreuth 23 july 1952	bayreuth festival orchestra and chorus mödl malaniuk vinay hotter uhde weber	lp: discocorp IGI 291 lp: cetra LO 47 lp: foyer FO 1008 cd: arkadia CD 528 cd: myto MCD 962149 *excerpts* lp: rodolphe RP 12704 lp: maestri del secolo APE 1210 lp: gioielli della lirica GML 8 lp: wg records WG 30010 lp: joker SM 1350 lp: foyer FO 1034 cd: classical collection CDCLC 6009
milan 28 april 1959	la scala orchestra and chorus nilsson rössl-majdan windgassen neidlinger hotter	unpublished radio broadcast *excerpts* cd: arkadia CDKAR 224

berlin
2 december
1971-
10 january
1972
	bpo
	deutsche oper
	chorus
	dernesch
	ludwig
	vickers
	berry
	weikl
	ridderbusch
		lp: emi SLS 963/EX 769 3191/
		   1C193 02293-02297/
		   2C165 02293-02297/
		   3C165 02293-02297
		lp: angel 3777
		lp: eterna 826 004-826 008
		cd: emi CMS 763 3192
		excerpts
		lp: emi ASD 3354/1C063 82868/
		   2C069 82868/SEOM 18/
		   SLS 5086/1C047 02381
		lp: eterna 827 009
		cd: emi CDM 763 5572/CDM 769 3382/
		   CZS 252 1592

salzburg 25 march 1972	bpo vienna opera chorus dernesch ludwig vickers berry weikl ridderbusch	unpublished radio broadcast

tristan und isolde/concluded
salzburg   bpo   unpublished radio broadcast
17 april   vienna opera
1973   chorus
                  dernesch
                  baldani
                  vickers
                  vermeersch
                  weikl
                  ridderbusch

tristan und isolde, prelude and liebestod
berlin   bpo   unpublished radio broadcast
22 february 1955

berlin   bpo   lp: columbia 33CX 1496
7-8   lp: columbia (france) 33FCX 689
january   lp: columbia (italy) 33QCX 10321
1957   lp: columbia (germany) C 90286/
                                       33WCX 512
                                   lp: angel 35482
                                   lp: emi 1C137 54360-54363/2C069 02603
                                   cd: emi CMS 763 3212

berlin   bpo   unpublished radio broadcast
6 january   *prelude only*
1968   cd: arkadia CD 739/CDKAR 204
                                   incorrectly described as vpo salzburg 1966

belgrade   bpo   unpublished radio broadcast
14 october 1972

tokyo   bpo   rehearsal fragment of liebestod only
27 october 1973

berlin   bpo   lp: emi ASD 3130/EG 29 04111/
22 september-   1C065 02603/2C069 02603/
21 october   3C065 02603
1974   lp: angel 37097
                                   cd: emi CDM 769 0192/CDM 764 3342/
                                       CDM 566 1072

berlin   bpo   lp: dg 413 7541
18-19   cd: dg 413 7542/439 0222
february 1984

salzburg   vpo   cd: dg 423 6132
15 august   norman   *liebestod only*
1987   vhs video: dg 072 1143
                                   laserdisc: dg 072 1141
                                   *video versions also include rehearsal
                                   extracts*

die walküre

bayreuth
12 august
1951
	bayreuth festival
	orchestra
	varnay
	rysanek
	h.ludwig
	treptow
	s.björling
	van mill
		acts 1 and 2
		columbia unpublished
		act 3
		78: columbia LX 1447-1454/
		    LX 8835-8842 auto
		lp: columbia 33CX 1005-1006
		lp: columbia (france) 33FCX 111-112
		lp: columbia (italy) 33QCX 111-112
		lp: columbia (austria) 33VCX 501-502
		lp: columbia (germany) C 90280-90281/
		    33WCX 1005-1006
		lp: emi 1C181 03035-03036
		cd: emi CDH 764 7042
		excerpts
		lp: emi 1C047 01373

milan 29 april 1958	la scala orchestra nilsson rysanek madeira suthaus hotter frick	unpublished radio broadcast *excerpts* cd: arkadia CDKAR 223

die walküre/concluded

berlin
25 august-
30 december
1966
	bpo
	crespin
	janowitz
	veasey
	vickers
	stewart
	talvela
		lp: dg LPM 39 229-39 233/
		   SLPM 139 229-139 233/2713 002/
		   2720 051/2740 146/2740 240
		cd: dg 415 1452/435 2112/
		   457 7852/457 7802
		excerpts
		lp: dg 136 435/2535 239
		cd: dg 415 2562/429 1682/439 4232/
		   459 0312/459 0692

salzburg 19 march 1967	bpo crespin janowitz ludwig vickers stewart talvela	cd: memories HR 4107-4121/ HR 4107-4110 cd: arkadia CDKAR 223 *excerpts* cd: nuova era NE 2399-2404 cd: memories HR 4394-4395 cd: natise HVK 107 *also unpublished video recording of rehearsal extract*
new york 8 november 1968	metropolitan opera orchestra crespin hillebrecht ludwig vickers stewart talvela	unpublished radio broadcast
new york 1 march 1969	metropolitan opera orchestra nilsson crespin veasey vickers adam talvela	cd: nuova era NE 2405-2408 cd: arkadia CDKAR 217

EMIL WALDTEUFEL (1837-1915)

les patineurs, waltz

london 21 july 1953	philharmonia	45: columbia SEL 1528 45: columbia (italy) SEBQ 129 lp: columbia 33CX 1335 lp: columbia (france) 33FCX 30103 lp: columbia (italy) 33QCX 10198 lp: columbia (germany) C 80464/ 33WSX 528 lp: angel 35327 lp: toshiba EAC 37020-37038

london
21-23
september
1960
	philharmonia	lp: columbia 33CX 1758/SAX 2404
		lp: columbia (france) 33FCX 894/
		    SAXF 216/CVD 2074
		lp: angel 35926/37250
		lp: world records T 838/ST 838
		lp:emiSLS839/SXLP30224/SXDW 3048/
		    CFP 40368/1C177 02348-02352/
		    1C137 03059-03060/1C037 00765/
		    2C053 00726/2C059 03054
		cd: emi CDM 769 4652/CZS 252 1592
		cd: royal classics ROY 6473
		cd: laserlight 24426
		cd: disky HR 700 062

WILLIAM WALTON (1902-1983)

symphony no 1

rome 5 december 1953	rai roma orchestra	unpublished radio broadcast

CARL MARIA VON WEBER (1786-1826)

abu hassan, overture

berlin	bpo	lp: dg 2530 315/419 0701
17 february		cd: dg 419 0702
1971		*recording completed 14-16 february 1972*

der beherrscher der geister, overture

berlin	bpo	lp: dg 2530 315/419 0701
17 february		cd: dg 419 0702
1971		*recording completed 14-16 february 1972*

euryanthe, overture

rome	rai roma	unpublished radio broadcast
5 december	orchestra	
1953		

berlin	bpo	lp: dg 2530 315/419 0701
17 february		cd: dg 419 0702/445 2862
1971		*recording completed 14-16 february 1972*

oberon, overture

berlin	bpo	lp: dg 2530 315/2535 310/419 0701
17 february		cd: dg 419 0702
1971		*recording completed 14-16 february 1972*

peter schmoll, overture

berlin	bpo	lp: dg 2530 315/419 0701
17 february		cd: dg 419 0702
1971		*recording completed 14-16 february 1972*

der freischütz, overture

amsterdam 13 september 1943	concertgebouw orchestra	78: grammophon 68354-68355 cd: dg 423 5312/423 5252 cd: mazur INF 982-984 cd: grammofono AB 78026-78031 cd: sirio SO 53007

berlin
16-19
september
1960
	bpo	lp: columbia 33CX 1791/SAX 2439
		lp: columbia (germany) C 70497/
		    STC 70497/33WC 573/SBOW 8525
		lp: columbia (netherlands) SGHX 10508
		lp: columbia (france) CVD 2073
		lp: angel 35950
		lp: world records T 639/ST 639
		lp: emi SXLP 30210/EMX 41 20521/
		    1C053 01143
		cd: emi CZS 569 4582

berlin 17 february 1971	bpo	lp: dg 2530 315/419 0701 cd: dg 419 0702 *recording completed 14-16 february 1972*
berlin january 1975	bpo	vhs video: dg 072 1833 laserdisc: dg 072 1831

berlin
16 november
1980-
3 january
1981
	bpo	lp: emi ASD 4072/1C065 03973/
		    2C069 03973/103 9731
		lp: angel 37810
		cd: emi CDM 769 0202/CDM 764 6292/
		    CDM 566 1022/CMS 764 5632/
		    CMS 566 1142

berlin 31 december 1985	bpo	vhs video: sony SHV 46402 laserdisc: sony SLV 46402

aufforderung zum tanz, arranged by berlioz

london
9-18
january
1958
	philharmonia	lp: columbia 33CX 1571/SAX 2302
		lp: columbia (france) 33FCX 824/
		    SAXF 160/CVD 2075
		lp: columbia (italy) 33QCX 10359/
		    SAXQ 7260
		lp: columbia (germany) C 70497/
		    STC 70497/33WC 573/
		    SBOW 8525/SHZE 150
		lp: angel 35614/37550
		lp: emi SLS 5019/1C181 25307-25311/
		    1C137 03059-03060/2C053 00724/
		    2C059 43355/143 5643
		cd: emi CDM 769 4652/CDZ 252 1342/
		    CZS 252 1592
		cd: royal classics ROY 6473
		cd: disky DCL 703 262/HR 700 062

berlin 22-24 september 1971	bpo	lp: dg 2530 244/419 0701 cd: dg 419 0702/447 3372
berlin 28 december 1983- 24 february 1984	bpo	lp: dg 413 5871 cd: dg 413 5872

ANTON VON WEBERN (1883-1945)

symphony op 21

berlin december 1972- february 1974	bpo	lp: dg 2530 488/2711 014 cd: dg 423 2542/427 4242/457 6892

passacaglia op 1

berlin december 1972- february 1974	bpo	lp: dg 2530 488/2711 014 cd: dg 423 2542/427 4242/ 457 6892/457 7602

5 movements op 5

new york 15 november 1958	new york philharmonic	unpublished radio broadcast
berlin december 1972- february 1974	bpo	lp: dg 2530 488/2711 014 cd: dg 423 2542/427 4242
berlin 27 january 1979	bpo	unpublished radio broadcast

6 pieces op 6

berlin december 1972- february 1974	bpo	lp: dg 2530 488/2711 014 cd: dg 423 2542/427 4242

JAROMIR WEINBERGER (1896-1967)

schwanda the bagpiper, polka

london 23 july 1954	philharmonia	lp: columbia 33CX 1335 lp: columbia (france) 33FCX 30103 lp: columbia (italy) 33QCX 10198 lp: columbia (germany) C 80464/ 33WSX 528 lp: angel 35327 lp: toshiba EAC 37020-37038

london
23 september
1960
	philharmonia	lp: columbia 33CX 1758/SAX 2404
		lp: columbia (france) 33FCX 894/
		    SAXF 216
		lp: angel 35926
		lp: world records T 838/ST 838
		lp: emi SLS 5019/CFP 40368/
		    1C181 25307-25311/1C037 00765
		cd: emi CDM 769 4672/CZS 252 1592
		cd: royal classics ROY 6475
		cd: laserlight 24426
		cd: disky HR 700 062

GERHARD WIMBERGER

plays for 12 cellos, wind and percussion

salzburg 27 august 1976	bpo	unpublished radio broadcast
berlin 24 january 1977	bpo	unpublished radio broadcast

ERMANNO WOLF-FERRARI (1876-1948)

i gioielli della madonna, intermezzo

berlin 22-25 september 1967	bpo	lp: dg 139 031/2726 512 cd: dg 419 2572

MISCELLANEOUS

national anthem of the united states of america

los angeles 2 july 1959	los angeles philharmonic	unpublished radio broadcast

MISCELLANEOUS COMPILATIONS

christmas songs: silent night; hark the herald angels; we 3 kings of orient; angels we have heard on high; o tannenbaum; god rest ye merry gentlemen; it came upon the midnight clear; vom himmel hoch; sweet li'l jesus; ave maria (schubert) ; o holy night; ave maria (bach); alleluja/exsultate jubilate

vienna 3-5 june 1961	vpo wiener singverein price	lp: decca LXT 5657/SXL 2294/JB 38 lp: london (usa) 5644/OSA 25280 cd: decca 421 1032/448 9982 *excerpts* 45: decca CEP 729/SEC 5112

miscellaneous compilations/concluded

european anthem arranged from beethoven by karajan and the national anthems of the 17 member states of the council of europe: austria; belgium; cyprus; denmark; west germany; france; iceland; ireland; italy; luxembourg; malta; netherlands; norway; sweden; switzerland; turkey; united kingdom

berlin	bpo	lp: dg 2530 250
17-27		*second side of this lp contains final*
february		*movement from beethoven's ninth*
1972		*symphony in karajan's 1962 dg*
		recording

prussian and austrian marches: yorckscher marsch; torgauer marsch; o du mein österreich; unter dem grillenbanner; des grossen kurfürsten reitermarsch; pariser einzugsmarsch; unter dem doppeladler; mir sein die kaiserjäger; florentiner marsch; marsch der finnländischen reiterei; königgrätzer marsch; regimentskinder; wien bleibt wien; kreuzritter-fanfare; petersburger marsch; hehrbelliner reitermarsch; pappenheimer marsch; hoch- und deutschmeister-marsch; vindobona marsch; hohenfriedberger marsch; erzherzog-albrecht-marsch; tiroler holzhackerbuab'n; preussens gloria; coburger marsch; kärtner liedermarsch; die bosniaken kommen; fridericus-rex-grenadiermarsch; alte kameraden; zigeunerbaron-einzugsmarsch; nibelungen-marsch

berlin	bpo wind	lp: dg 2721 077
2-8	ensemble	cd: dg 439 3462
march		*excerpts*
1973		lp: dg 2535 647/2535 686
		cd: dg 429 0742/431 6412
		complete cd edition on 439 3462 also
		includes strauss radetzky marsch in
		karajan's 1966 dg recording

Credits
Valued assistance with information for these discographies came from

Richard Chlupaty
Siam Chowkwanyun
Sigrit Fleiss
Johann Gratz
Syd Gray
Clemens Hellsberg
Bill Holland
Gottfried Kraus
David Lampon
Douglas MacIntosh
Bruce Morrison
Alan Newcombe
Richard Osborne
James Pearson
Brian Pinder
Christopher Raeburn
Jürgen Schmidt
Robin Scott
Angelo Scottini
Roger Smithson
Yoshihiko Suzuki
Malcolm Walker
Jerome Weber

Philharmonic Autocrat 1
Published by John Hunt.
© 2000 John Hunt
reprinted 2009
ISBN 978-1-901395-04-4

Sole distributors:
Travis & Emery,
17 Cecil Court,
London, WC2N 4EZ,
United Kingdom.
(+44) 20 7 459 2129.
sales@travis-and-emery.com

Discographies by Travis & Emery:
Discographies by John Hunt.

1987: 978-1-906857-14-1: From Adam to Webern: the Recordings of von Karajan.
1991: 978-0-951026-83-0: 3 Italian Conductors and 7 Viennese Sopranos: 10 Discographies: Arturo Toscanini, Guido Cantelli, Carlo Maria Giulini, Elisabeth Schwarzkopf, Irmgard Seefried, Elisabeth Gruemmer, Sena Jurinac, Hilde Gueden, Lisa Della Casa, Rita Streich.
1992: 978-0-951026-85-4: Mid-Century Conductors and More Viennese Singers: 10 Discographies: Karl Boehm, Victor De Sabata, Hans Knappertsbusch, Tullio Serafin, Clemens Krauss, Anton Dermota, Leonie Rysanek, Eberhard Waechter, Maria Reining, Erich Kunz.
1993: 978-0-951026-87-8: More 20th Century Conductors: 7 Discographies: Eugen Jochum, Ferenc Fricsay, Carl Schuricht, Felix Weingartner, Josef Krips, Otto Klemperer, Erich Kleiber.
1994: 978-0-951026-88-5: Giants of the Keyboard: 6 Discographies: Wilhelm Kempff, Walter Gieseking, Edwin Fischer, Clara Haskil, Wilhelm Backhaus, Artur Schnabel.
1994: 978-0-951026-89-2: Six Wagnerian Sopranos: 6 Discographies: Frieda Leider, Kirsten Flagstad, Astrid Varnay, Martha Moedl, Birgit Nilsson, Gwyneth Jones.
1995: 978-0-952582-70-0: Musical Knights: 6 Discographies: Henry Wood, Thomas Beecham, Adrian Boult, John Barbirolli, Reginald Goodall, Malcolm Sargent.
1995: 978-0-952582-71-7: A Notable Quartet: 4 Discographies: Gundula Janowitz, Christa Ludwig, Nicolai Gedda, Dietrich Fischer-Dieskau.
1996: 978-0-952582-72-4: The Post-War German Tradition: 5 Discographies: Rudolf Kempe, Joseph Keilberth, Wolfgang Sawallisch, Rafael Kubelik, Andre Cluytens.
1996: 978-0-952582-73-1: Teachers and Pupils: 7 Discographies: Elisabeth Schwarzkopf, Maria Ivoguen, Maria Cebotari, Meta Seinemeyer, Ljuba Welitsch, Rita Streich, Erna Berger.
1996: 978-0-952582-77-9: Tenors in a Lyric Tradition: 3 Discographies: Peter Anders, Walther Ludwig, Fritz Wunderlich.
1997: 978-0-952582-78-6: The Lyric Baritone: 5 Discographies: Hans Reinmar, Gerhard Huesch, Josef Metternich, Hermann Uhde, Eberhard Waechter.
1997: 978-0-952582-79-3: Hungarians in Exile: 3 Discographies: Fritz Reiner, Antal Dorati, George Szell.
1997: 978-1-901395-00-6: The Art of the Diva: 3 Discographies: Claudia Muzio, Maria Callas, Magda Olivero.
1997: 978-1-901395-01-3: Metropolitan Sopranos: 4 Discographies: Rosa Ponselle, Eleanor Steber, Zinka Milanov, Leontyne Price.
1997: 978-1-901395-02-0: Back From The Shadows: 4 Discographies: Willem Mengelberg, Dimitri Mitropoulos, Hermann Abendroth, Eduard Van Beinum.
1997: 978-1-901395-03-7: More Musical Knights: 4 Discographies: Hamilton Harty, Charles Mackerras, Simon Rattle, John Pritchard.
1998: 978-1-901395-94-5: Conductors On The Yellow Label: 8 Discographies: Fritz Lehmann, Ferdinand Leitner, Ferenc Fricsay, Eugen Jochum, Leopold Ludwig, Artur Rother, Franz Konwitschny, Igor Markevitch.
1998: 978-1-901395-95-2: More Giants of the Keyboard: 5 Discographies: Claudio Arrau, Gyorgy Cziffra, Vladimir Horowitz, Dinu Lipatti, Artur Rubinstein.
1998: 978-1-901395-96-9: Mezzo and Contraltos: 5 Discographies: Janet Baker, Margarete Klose, Kathleen Ferrier, Giulietta Simionato, Elisabeth Hoengen.

1999: 978-1-901395-97-6: The Furtwaengler Sound Sixth Edition: Discography and Concert Listing.
1999: 978-1-901395-98-3: The Great Dictators: 3 Discographies: Evgeny Mravinsky, Artur Rodzinski, Sergiu Celibidache.
1999: 978-1-901395-99-0: Sviatoslav Richter: Pianist of the Century: Discography.
2000: 978-1-901395-04-4: Philharmonic Autocrat 1: Discography of: Herbert Von Karajan [Third Edition].
2000: 978-1-901395-05-1: Wiener Philharmoniker 1 - Vienna Philharmonic and Vienna State Opera Orchestras: Discography Part 1 1905-1954.
2000: 978-1-901395-06-8: Wiener Philharmoniker 2 - Vienna Philharmonic and Vienna State Opera Orchestras: Discography Part 2 1954-1989.
2001: 978-1-901395-07-5: Gramophone Stalwarts: 3 Separate Discographies: Bruno Walter, Erich Leinsdorf, Georg Solti.
2001: 978-1-901395-08-2: Singers of the Third Reich: 5 Discographies: Helge Roswaenge, Tiana Lemnitz, Franz Voelker, Maria Mueller, Max Lorenz.
2001: 978-1-901395-09-9: Philharmonic Autocrat 2: Concert Register of Herbert Von Karajan Second Edition.
2002: 978-1-901395-10-5: Sächsische Staatskapelle Dresden: Complete Discography.
2002: 978-1-901395-11-2: Carlo Maria Giulini: Discography and Concert Register.
2002: 978-1-901395-12-9: Pianists For The Connoisseur: 6 Discographies: Arturo Benedetti Michelangeli, Alfred Cortot, Alexis Weissenberg, Clifford Curzon, Solomon, Elly Ney.
2003: 978-1-901395-14-3: Singers on the Yellow Label: 7 Discographies: Maria Stader, Elfriede Troetschel, Annelies Kupper, Wolfgang Windgassen, Ernst Haefliger, Josef Greindl, Kim Borg.
2003: 978-1-901395-15-0: A Gallic Trio: 3 Discographies: Charles Muench, Paul Paray, Pierre Monteux.
2004: 978-1-901395-16-7: Antal Dorati 1906-1988: Discography and Concert Register.
2004: 978-1-901395-17-4: Columbia 33CX Label Discography.
2004: 978-1-901395-18-1: Great Violinists: 3 Discographies: David Oistrakh, Wolfgang Schneiderhan, Arthur Grumiaux.
2006: 978-1-901395-19-8: Leopold Stokowski: Second Edition of the Discography.
2006: 978-1-901395-20-4: Wagner Im Festspielhaus: Discography of the Bayreuth Festival.
2006: 978-1-901395-21-1: Her Master's Voice: Concert Register and Discography of Dame Elisabeth Schwarzkopf [Third Edition].
2007: 978-1-901395-22-8: Hans Knappertsbusch: Kna: Concert Register and Discography of Hans Knappertsbusch, 1888-1965. Second Edition.
2008: 978-1-901395-23-5: Philips Minigroove: Second Extended Version of the European Discography.
2009: 978-1-901395--24-2: American Classics: The Discographies of Leonard Bernstein and Eugene Ormandy.

Discography by Stephen J. Pettitt, edited by John Hunt:
1987: 978-1-906857-16-5: Philharmonia Orchestra: Complete Discography 1945-1987

Available from: Travis & Emery at 17 Cecil Court, London, UK. (+44) 20 7 240 2129. email on sales@travis-and-emery.com .

© Travis & Emery 2009

Music and Books published by Travis & Emery Music Bookshop:
Anon.: Hymnarium Sarisburiense, cum Rubricis et Notis Musicis.
Agricola, Johann Friedrich from Tosi: Anleitung zur Singkunst.
Bach, C.P.E.: edited W. Emery: Nekrolog or Obituary Notice of J.S. Bach.
Bateson, Naomi Judith: Alcock of Salisbury
Bathe, William: A Briefe Introduction to the Skill of Song
Bax, Arnold: Symphony #5, Arranged for Piano Four Hands by Walter Emery
Burney, Charles: The Present State of Music in France and Italy
Burney, Charles: The Present State of Music in Germany, The Netherlands ...
Burney, Charles: An Account of the Musical Performances ... Handel
Burney, Karl: Nachricht von Georg Friedrich Handel's Lebensumstanden.
Cobbett, W.W.: Cobbett's Cyclopedic Survey of Chamber Music. (2 vols.)
Corrette, Michel: Le Maitre de Clavecin
Crimp, Bryan: Dear Mr. Rosenthal ... Dear Mr. Gaisberg ...
Crimp, Bryan: Solo: The Biography of Solomon
d'Indy, Vincent: Beethoven: Biographie Critique
d'Indy, Vincent: Beethoven: A Critical Biography
d'Indy, Vincent: César Franck (in French)
Frescobaldi, Girolamo: D'Arie Musicali per Cantarsi. Primo & Secondo Libro.
Geminiani, Francesco: The Art of Playing the Violin.
Handel; Purcell; Boyce; Geene et al: Calliope or English Harmony: Volume First.
Häuser: Musikalisches Lexikon. 2 vols in one.
Hawkins, John: A General History of the Science and Practice of Music (5 vols.)
Herbert-Caesari, Edgar: The Science and Sensations of Vocal Tone
Herbert-Caesari, Edgar: Vocal Truth
Hopkins and Rimboult: The Organ. Its History and Construction.
Hunt, John: Adam to Webern: the recordings of von Karajan
Isaacs, Lewis: Hänsel and Gretel. A Guide to Humperdinck's Opera.
Isaacs, Lewis: Königskinder (Royal Children) A Guide to Humperdinck's Opera.
Kastner: Manuel Général de Musique Militaire
Lacassagne, M. l'Abbé Joseph : Traité Général des élémens du Chant.
Lascelles (née Catley), Anne: The Life of Miss Anne Catley.
Mainwaring, John: Memoirs of the Life of the Late George Frederic Handel
Malcolm, Alexander: A Treaty of Music: Speculative, Practical and Historical
Marx, Adolph Bernhard: Die Kunst des Gesanges, Theoretisch-Practisch
May, Florence: The Life of Brahms
May, Florence: The Girlhood Of Clara Schumann: Clara Wieck And Her Time.
Mellers, Wilfrid: Angels of the Night: Popular Female Singers of Our Time
Mellers, Wilfrid: Bach and the Dance of God
Mellers, Wilfrid: Beethoven and the Voice of God
Mellers, Wilfrid: Caliban Reborn - Renewal in Twentieth Century Music

Music and Books published by Travis & Emery Music Bookshop:
Mellers, Wilfrid: François Couperin and the French Classical Tradition
Mellers, Wilfrid: Harmonious Meeting
Mellers, Wilfrid: Le Jardin Retrouvé, The Music of Frederic Mompou
Mellers, Wilfrid: Music and Society, England and the European Tradition
Mellers, Wilfrid: Music in a New Found Land: ... ... American Music
Mellers, Wilfrid: Romanticism and the Twentieth Century (from 1800)
Mellers, Wilfrid: The Masks of Orpheus: ...... the Story of European Music.
Mellers, Wilfrid: The Sonata Principle (from c. 1750)
Mellers, Wilfrid: Vaughan Williams and the Vision of Albion
Panchianio, Cattuffio: Rutzvanscad Il Giovine
Pearce, Charles: Sims Reeves, Fifty Years of Music in England.
Playford, John: An Introduction to the Skill of Musick.
Purcell, Henry et al: Harmonia Sacra ... The First Book, (1726)
Purcell, Henry et al: Harmonia Sacra ... Book II (1726)
Quantz, Johann: Versuch einer Anweisung die Flöte traversiere zu spielen.
Rameau, Jean-Philippe: Code de Musique Pratique, ou Methodes.
Rastall, Richard: The Notation of Western Music.
Rimbault, Edward: The Pianoforte, Its Origins, Progress, and Construction.
Rousseau, Jean Jacques: Dictionnaire de Musique
Rubinstein, Anton : Guide to the proper use of the Pianoforte Pedals.
Sainsbury, John S.: Dictionary of Musicians. Vol. 1. (1825). 2 vols.
Serré de Rieux, Jean de : Les dons des Enfans de Latone
Simpson, Christopher: A Compendium of Practical Musick in Five Parts
Spohr, Louis: Autobiography
Spohr, Louis: Grand Violin School
Tans'ur, William: A New Musical Grammar; or The Harmonical Spectator
Terry, Charles Sanford: J.S. Bach's Original Hymn-Tunes for Congregational Use.
Terry, Charles Sanford: Four-Part Chorals of J.S. Bach. (German & English)
Terry, Charles Sanford: Joh. Seb. Bach, Cantata Texts, Sacred and Secular.
Terry, Charles Sanford: The Origins of the Family of Bach Musicians.
Tosi, Pierfrancesco: Opinioni de' Cantori Antichi, e Moderni
Van der Straeten, Edmund: History of the Violoncello, The Viol da Gamba ...
Van der Straeten, Edmund: History of the Violin, Its Ancestors... (2 vols.)
Waltern: Musikalisches Lexicon
Walther, J. G.: Musicalisches Lexikon ober Musicalische Bibliothec

Travis & Emery Music Bookshop
17 Cecil Court, London, WC2N 4EZ, United Kingdom.
Tel. (+44) 20 7240 2129

© Travis & Emery 2009